Silvia und Guido
Weihermüller

Statt Land Insel

Für Julia und Elliot.

Silvia und Guido

Weihermüller

Statt Land Insel

Wie wir in der dänischen Südsee unser Zuhause fanden

KNESEBECK *Stories*

Inhalt

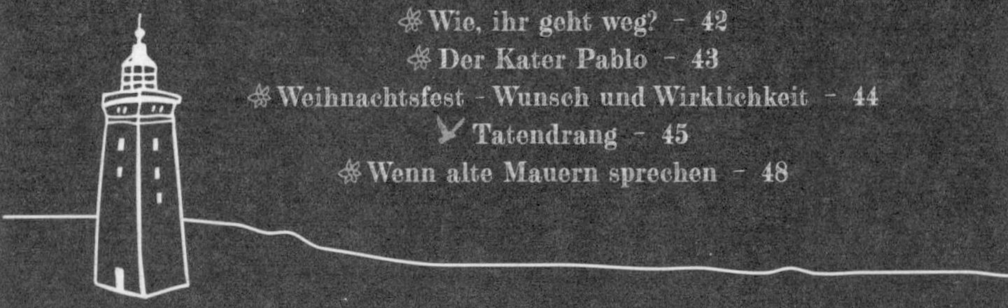

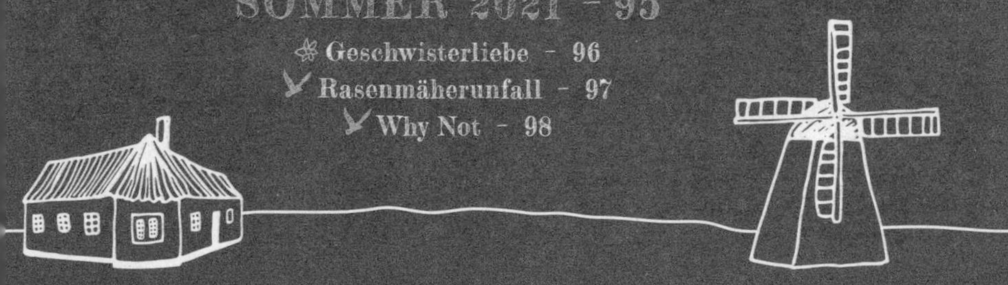

HERBST 2021 - 111

WINTER 2021/2022 - 123

FRÜHJAHR 2022 - 133

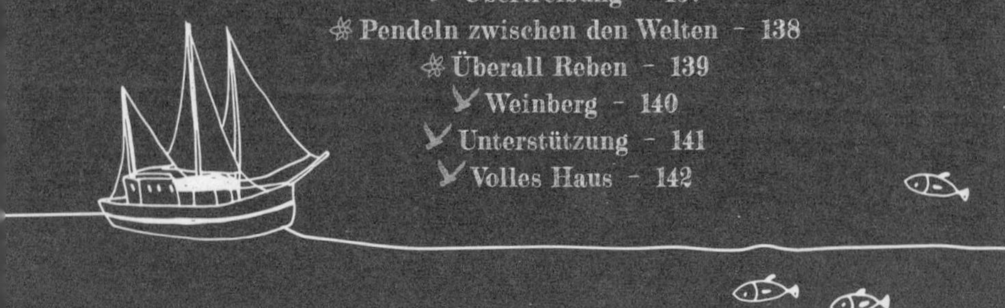

Enkel Max (4): »Habt ihr jetzt immer Urlaub?«

Tochter Julia (38): »Ich gebe euch sechs Monate, dann kommt ihr zurück!«

Mich erinnern, wer ich bin

Dieses Buch ist ein gemeinsames Projekt von Guido und mir. Aber schreiben muss jeder für sich. Es wird zwei Perspektiven geben, Guidos und meine. Guido ist Journalist und Regisseur und schreibt schon sein Leben lang. Ich spreche gerne und viel. Aber schreiben? Eher nicht. Zusammen erstellen wir ein Konzept und überlegen uns eine Struktur für das Buch. Guido schreibt einige Seiten, und dem Verlag gefällt es. Daraufhin erhalten wir einen Vorschlag für den zeitlichen Ablauf. Bis März sollen wir alles abgegeben haben. Noch im Sommer soll das Buch auf dem Markt erscheinen. So weit, so gut.

Aber wie fange ich an mit dem Schreiben? Ich merke, mein Pippi-Langstrumpf-Motto »Das habe ich noch nie gemacht, also kann ich es« funktioniert hier nicht. Es fühlt sich eher an wie ein Sprung ins kalte Wasser – ohne schwimmen zu können. Ich habe meine Klappe mal wieder weit aufgemacht und zu schnell »Ja« gerufen. Ich habe Hemmungen und spreche mit meiner Familie. Guido sagt: »Das kannst du doch. Schreib einfach.« Typisch Guido. Wie kommt er nur darauf, dass ich schreiben kann? Den entscheidenden Tipp bekomme ich schließlich von Elliot, unserem Sohn: »Besorg dir einen Schreibcoach.« Er empfiehlt mir sogar einen: Franz. Ich nehme sofort Kontakt auf, und wir vereinbaren ein erstes Zoom-Gespräch. Ich erzähle ihm von uns und unserem Leben, erläutere unserer Idee und beschreibe meine Unsicherheit. Es ist ein angenehmes Gespräch. Er strahlt Ruhe und Gelassenheit aus und lacht viel. Er sagt, ich solle keine Angst vor dem weißen Blatt haben, und empfiehlt mir, meine Texte einzusprechen, damit mein Erzählrhythmus, meine Emotionalität, meine Stimme erkennbar werden. Das ist genau das Werkzeug, nach dem ich gesucht habe. Ich bin begeistert und habe zum ersten Mal das Gefühl, direkt loslegen zu können. Franz hat mir Mut gemacht.

Wir vereinbaren eine Zusammenarbeit, und ich freue mich auf seine Begleitung.

Ich besorge mir ein Diktierprogramm und beginne damit zu schreiben. Es ist eine große Hilfe, eine Brücke, die mich rüberbringt ins Land des Schreibens. Schon nach kurzer Zeit frage ich mich nicht mehr, ob ich es überhaupt kann. Ich tue es einfach. Und das Schreiben macht etwas mit mir. Es führt mich zu mir. Denn in dem Buch soll es um die vergangenen zwei Jahre in meinem Leben gehen. Um Auswanderung und den Mut zur Veränderung.

Wir legen einen roten Faden fest, der uns das Schreiben erleichtern soll: die Chronologie der Ereignisse. Doch schnell merke ich, dass ich dauernd abschweife. Ständig fallen mir weitere Geschichten und Themen ein, über die ich schreiben möchte. Schreiben muss. Es fallen mir Dinge ein, von denen ich nicht wusste, dass ich sie vergessen habe, und ich beginne, in Fragmenten zu schreiben. Sie sind wie Puzzleteile meines Lebens.

Perspektiven

Dieses Buch ist nicht von langer Hand geplant. Wir hatten nicht vor, unser altes Leben anzuhalten, auf eine dänische Insel auszuwandern und etwas ganz Neues zu beginnen. Als Silvia mich fragt, ob wir zusammen ein Buch schreiben wollen, bin ich anfangs wenig begeistert. »Ich muss mein Leben erst erleben, bevor ich ein Buch darüber schreiben kann«, ist meine Antwort. Wir sind auf die Insel gekommen, um unsere Medienbubble, unser Hamsterrad mit Siebentagewochen und endlosen Arbeitstagen hinter uns zu lassen. Daher leuchtet es mir nicht ein, warum ich gerade jetzt ein Buch schreiben soll. Ich versuche, Silvia meine Demotivation zu beschreiben, und sie lenkt ein. »Das müssen wir ja nicht sofort entscheiden«, sagt sie. Das macht sie manchmal, wenn sie weiß, dass sie später doch noch bekommt, was sie will. Wir verständigen uns darauf, erst einmal anzukommen und, statt alles direkt aufzuschreiben, einfach unsere Erlebnisse, Gedanken und Fotos zu sammeln. Genau so, wie es passiert und wie wir sind.

Dann, nach dem ersten Jahr auf Ærø, landet das Thema wieder auf dem Tisch. Dieses Mal bin ich bereit dafür, fühle mich sicherer und denke, dass es sich lohnen könnte, Momente, die wir erlebt haben, noch einmal zu reflektieren und das, was wir vorhaben, zu dokumentieren. Aber wie soll das funktionieren, zusammen ein Buch zu schreiben? Silvia und ich sind ein gutes Team, aber wir sind auch sehr verschiedene Charaktere. Schließlich kommen wir auf die Idee, unsere gemeinsame Geschichte aus zwei Perspektiven zu erzählen. Das ist sinnvoll, denn auch wenn wir gemeinsam leben und erleben, lebt und erlebt jeder von uns individuell. Oft sind uns unterschiedliche Dinge wichtig. Vielleicht passen wir gerade deshalb so gut zusammen.

Silvia denkt, dass ich im Vorteil bin, weil ich als Regisseur schon viel geschrieben habe. Aber ein Buch über das eigene Leben ist damit nicht vergleichbar. Das Einzige, was wahrscheinlich gleich sein wird, ist, dass ich bis zur letzten Sekunde vor der Abgabe an dem Buch arbeiten werde.

SOMMER 2020

Ærø

Ein heißer Sommertag mit strahlend blauem Himmel. Fast lautlos teilt der Bug der Elektrofähre *Ellen* das spiegelglatte Wasser der Ostsee. Silvia und ich stehen auf dem Aussichtsdeck, genießen die Ruhe und den milden Fahrtwind. Ohne stampfenden Schiffsdiesel fühlt es sich auf der E-Fähre irgendwie unwirklich an. Beinahe wie eine Zeitreise. Als schwebe man über das Meer. Unsere Blicke sind auf einen Punkt am Horizont gerichtet. Es ist der Leuchtturm von Ærø, einer kleinen dänischen Ostseeinsel mit nur knapp 6000 Bewohnern. Was wir zu diesem Zeitpunkt noch nicht wissen: Ærø wird schon in wenigen Wochen unser neues Zuhause sein. Wir werden unser Haus in Hamburg verkaufen, eine berufliche Vollbremsung hinlegen, das Büro unserer Filmproduktion auflösen und viele geschäftliche und private Verbindungen kappen. Wir steigen aus. Oder wie wir sagen: Wir haben ein neues Projekt. Und wir haben absolut keine Ahnung, worauf wir uns einlassen.

Während der Punkt am Horizont langsam Konturen annimmt, frage ich mich, was wir eigentlich gerade machen. Es fühlt sich mehr wie ein Kurzurlaub am Meer an. Auf jeden Fall nicht so, als stellten wir gerade die Weichen für unsere Zukunft. Erst vor ein paar Tagen hat Silvia mir den Link zu einer Immobilienanzeige gemailt. Ein Biohof auf einer dänischen Insel, deren Namen ich noch nie gehört hatte.

Wie meistens lag die Organisation komplett in Silvias Händen. Sie war es auch, die den Termin mit der Immobilienmaklerin vereinbart hat. Mit ihr wollen wir uns in den nächsten zwei Tagen mehrere, sehr unterschiedliche Immobilien ansehen. Vom Haus am Meer bis zum Bauernhof. Wobei ich bereits einen klaren Favoriten habe: ein Haus direkt am Jachthafen von Ærøskøbing, dem bekanntesten Ort der Insel. Morgens im Bademantel zum Schwimmen gehen, den kleinen Rosengarten pflegen und den Rest des Tages auf der Terrasse entspannen und aufs Meer schauen. Eine verlockende Vorstellung für mich.

Die Fähre hat den Leuchtturm erreicht, macht eine kleine Kurve und fährt dann parallel zur Insel weiter. Ich schaue über die Reling und erkenne einen Golfplatz, Bauernhäuser, Felder und Wiesen. Die Küste ist flach und gespickt mit vielen kleinen Sandstränden. Das Wasser ist tiefblau. Menschen sehe ich keine.

Unsere Freunde halten uns für mutig, da wir oft große Wagnisse eingehen. Das haben wir mit unseren Filmprojekten über viele Jahre bewiesen. Wir lieben, was wir tun, haben uns Durchhaltevermögen antrainiert und gelernt, mit schmerzvollen Rückschlägen umzugehen. Wir fühlen uns immer noch jung genug für neue Herausforderungen, und wir haben keine Angst zu scheitern, denn auch das haben wir schon erlebt und überlebt.

Ellen hat den Hafen erreicht und verringert das Tempo. Langsam öffnet sich der Bug. Wie ein Theatervorhang, hinter dem der Blick auf das Bühnenbild des ersten Aktes unseres Abenteuers fällt. Doch statt einer imposanten Fanfare dröhnt nur eine blecherne dänische Lautsprecherdurchsage über das Autodeck. Ich verstehe kein Wort.

Vor uns liegt der kleine Ort Søby. Links die Marina mit vielen Segeljachten und Motorbooten, rechts eine Werft mit dem Industriecharme des vergangenen Jahrhunderts. Wir fahren mit unserem Bulli von der Fähre und entdecken Iris, die Maklerin, auf dem gegenüberliegenden Parkplatz. Sie steht neben einem roten Camper und wirkt sehr freundlich. Die grauen Haare hat sie zum Zopf gebunden. Nach einer kurzen Begrüßung fragt sie, ob wir gleich den Biohof sehen wollen oder erst eines der anderen Objekte. Für Silvia ist klar: zuerst den Biohof. Die Fahrt dauert nicht lange, und doch sind wir sofort in einer anderen Welt. Die Straße führt uns einen Hügel hinauf durch den Ort. Wir entdecken Finns Baggeri (eine Bäckerei), einen Geldautomaten, einen Minigolfplatz und einen Loppe Market, so etwas wie ein Flohmarkt. Viele kleine, alte Häuser. Manche schick renoviert, die meisten jedoch nicht. Nach einem Möbelgeschäft lassen wir Søby hinter uns, und der Blick über die Insel öffnet sich zum ersten Mal. Wir sehen nur noch Grün. Und das Meer. Ich muss tief durchatmen, so schön ist es hier.

Schon nach einem Kilometer sind wir an der ersten Station unserer Besichtigungstour angekommen. Es ist kaum zu glauben: Der Hof, der Garten, alles sieht genauso aus wie auf den Fotos – nur noch viel schöner. Iris stellt uns die Besitzer Johannes und Dorit vor, die etwas zurückhaltend auf uns reagieren. In Dänemark ist es üblich, dass die Hausbesitzer dem Makler die Arbeit mit den Kaufinteressenten überlassen. Und so führt uns Iris durch das Haus und über das Grundstück.

Liebe auf den ersten Blick

Es ist alles so grün. Es ist alles so schön. Verwildert. Voller Blumen. Es duftet nach so vielem. Ich bin sofort verbunden mit diesem Ort. Es ist, als hätte das Haus auf uns gewartet. Im Inneren ist es hell und freundlich.

Das Grundstück ist riesig. Iris, die Maklerin, führt uns herum. Johannes und Dorit, die Besitzer, treffen wir im Gemüsegarten, in dem gerade rote und gelbe Himbeeren geerntet werden wollen. Gelbe Himbeeren kannte ich bisher nicht. Sie sind wahnsinnig süß und lecker. Überall wachsen Kräuter, Gewürze und Gemüse. Dorit nennt Namen, von denen ich noch nie gehört habe. Mir dreht sich der Kopf und ich frage mich, ob ich das alles lernen kann. Ich bin beeindruckt von Johannes' und Dorits Geschichte, von ihrem Schaffen hier an diesem Ort in den vergangenen zehn Jahren. Und sie machen mir Mut, dass auch wir es schaffen können.

Vom Boden, vom Strauch direkt in den Mund. Wann habe ich das zum letzten Mal gemacht? Ich probiere wilden Fenchel und denke: Wozu braucht man Kaugummi? Ich esse Radieschen und stelle fest, dass sie viel schärfer sind als die aus dem Supermarkt. Alles schmeckt unglaublich intensiv.

Dann die Blumenwiese: alles voller Insekten. Nie habe ich so viele Schmetterlinge auf einmal gesehen. Die Felder, auf denen zwei Pferde grasen, Findus und Florina. Der magische Elfenwald, die Teiche und das ans Grundstück angrenzende Naturschutzgebiet mit dem Vitsø. Es riecht nach Erde, nach Sommer, nach Glück. Eine große Stille herrscht an diesem Ort. Wir hören nur das Summen der Bienen und das Zwitschern der Vögel.

An einem besonders schönen Platz auf einem der Felder steht ein Tisch mit Blick auf den Vitsø. Dort setzen wir uns gemeinsam mit der Maklerin hin und sprechen über unsere ersten Eindrücke. Ich bin hin und weg von diesem Ort und kann mich kaum bändigen. Für mich ist es Liebe auf den ersten Blick. Als Kind habe ich zusammen mit meiner Mutter oft Rosamunde-Pilcher-Filme geschaut – ich weiß, dass sie sich genau so einen Ort immer gewünscht hat. Ich kann und will meine Begeisterung vor Iris nicht verheimlichen. Guido geht da viel taktischer vor. Aber vielleicht ist er auch einfach noch nicht so weit.

Bestandsaufnahme

Das Grundstück des Biohofs ist riesig. Sechseinhalb Hektar Land gehören dazu – wenn wir wollen. Wir könnten den Hof auch »nur« mit dem Hausgrundstück erwerben, das wären dann 2000 Quadratmeter, immer noch viel mehr als bei unserem alten Haus. Ich weiß nicht einmal, wie groß ein Hektar überhaupt ist, und recherchiere es schnell auf dem Handy. Insgesamt 65 000 Quadratmeter, so viel wie acht Fußballfelder. Was soll man damit nur anfangen?

Der Zustand des Hauses ist überraschend gut. Die Besitzer haben den Hof von Grund auf saniert und dabei auch zwei Ferienwohnungen und ein Yogastudio eingerichtet. Wärmepumpe, Kaminöfen, Fußbodenheizung, Fenster und Türen, alles ist in Ordnung. Vom Wohnzimmer aus hat man einen wunderschönen Blick auf den Vitsø und das dahinter liegende Meer. Natürlich fühlt es sich in diesem bewohnten Haus fremd an, aber es hat eine gute Atmosphäre. Dorit ist nicht nur Yogalehrerin, sie ist auch etwas »esoterisch« unterwegs, überall liegen spirituelle Gegenstände herum. Sie erzählt uns, sie habe alle bösen Geister aus dem alten Gemäuer vertrieben. Okay, kann ja nicht schaden, denke ich.

Johannes dagegen ist eher ein Pragmatiker. Er beantwortet unsere Fragen konkret und auf den Punkt. Das Krasseste ist der Preis. Er beträgt nur einen Bruchteil von dem, was so ein Objekt an der deutschen Ostseeküste kosten würde. Ich suche nach dem Haken, aber es scheint einfach keinen zu geben. Natürlich ist alles viel zu groß, und das Haus liegt auch nicht direkt am Wasser. Außerdem sieht es nach super viel Arbeit aus. Das ist definitiv nicht das, was ich mir vorgestellt habe. Aber es gibt ja noch ein paar andere Immobilien, die wir uns ansehen wollen.

Locationtour

Nach einer guten Stunde brechen wir auf zur zweiten Immobilie. Wir fahren auf der Hauptstraße durch kleine gepflegte Dörfer mit lustig klingenden Namen: Leby, Bregninge, Vindeballe und Tranderup. Links ist die Ostsee – und rechts auch. Ich frage Silvia, ob sie sich wirklich vorstellen kann, auf einer Insel zu leben. Sie antwortet: »Lieber von Wasser umgeben als von Idioten.« Wir lachen, und die Sonne lacht mit.

Wir biegen nach Ærøskøbing ab und fahren hinunter zum Jachthafen. Ein cooles Haus. Schick und dezent dänisch eingerichtet. Viel eher das, was ich mir vorgestellt habe. Offene Küche mit angrenzendem Wohn- und Essbereich, ein schönes Arbeitszimmer, Terrassen und ein kleines, überschaubares Grundstück. Nur leider geht der Blick nicht wirklich aufs Meer, sondern auf einen Kinderspielplatz, der zum Jachthafen gehört. Und noch einen zweiten entscheidenden Nachteil hat das Haus: Es liegt nur knapp zwei Meter über dem Meeresspiegel. Bei den hiesigen Winterstürmen und in Anbetracht steigender Wasserstände vielleicht keine so gute Idee.

Käse, Brot und Wein

Ærøskøbing ist ein malerischer Ort. Wegen der schmalen Gassen, dem Kopfsteinpflaster und den schönen, denkmalgeschützten

Fachwerkhäusern aus dem 18. Jahrhundert auch »Märchenstadt« genannt. Unser erster Weg führt uns zu einer kleinen Pension mitten in der Innenstadt, wo wir für zwei Nächte ein kleines Zimmer gemietet haben. Dusche und Toilette teilen wir uns mit den anderen Gästen. In Ærøskøbing scheinen sich Vergangenheit und Gegenwart zu vereinen. Wir sehen einen beschaulichen Marktplatz, Restaurants, Bäcker, Boutiquen, Eisdielen, Friseure, ein Museum und einen Lebensmitteldiscounter.

In der Pension machen wir uns frisch für den Abend. Iris hat uns den Vester Strand mit den kleinen bunten Badehäusern ans Herz gelegt. Der Sonnenuntergang dort sei grandios. Auf dem Weg dorthin fragen wir in einem Restaurant, ob sie gegen 21 Uhr noch geöffnet haben. Nachdem das bejaht wurde, spazieren wir weiter durch die kleine Stadt, am Jachthafen vorbei bis hin zum Meer. Wir ziehen die Schuhe aus, fühlen den Sand und das Wasser an unseren Füßen und sind glücklich. Unser Vorhaben ist aufregend und verrückt. Und dennoch ist da immer der Gedanke: Warum nicht? Ich bin verliebt in den Augenblick und verliebt in meinen Mann. Ich bin beeindruckt, wie offen und freudig er auf die mögliche Veränderung zugeht. Was für ein magischer Moment in unserem Leben. Aber Magie hin oder her, irgendwann macht sich der Hunger bemerkbar, und wir gehen zurück zum Restaurant. Die Lichter brennen tatsächlich noch. Doch Essen können wir nicht mehr bestellen. Und das gilt überall. Es ist 21 Uhr und damit zu spät.

Lektion eins auf der Insel: Stelle deine Fragen präzise und gehe nicht davon aus, dass alles so ist, wie du es aus der Stadt gewohnt bist.

Zum Glück hat der Supermarkt noch auf. Brot, Käse, Schinken, Wein, dazu eine Parkbank in der Nacht – was brauchen wir mehr?

Reizüberflutung

Der Biohof oder das Haus am Jachthafen? Alle anderen Immobilien, die wir uns am zweiten Tag angeschaut haben, kommen nicht infrage. Ich fühle ich mich überfrachtet mit Informationen, Bildern und Gefühlen. Die Eindrücke von den Besichtigungen der verschiedenen Häuser vermischen sich in meinem Kopf. Die totale Reizüberflutung. In meinem Beruf als Regisseur müsste ich mich nach so einer Locationtour jetzt entscheiden, in welchem Motiv ich drehen möchte. Hier geht es aber nicht um eine Filmszene, hier geht es um den Ort, an dem wir unser zukünftiges Leben verbringen möchten.

Die Nachmittagssonne in Ærøskøbing ist warm und angenehm. Wir setzen uns in ein Café, trinken Cappuccino und schreiben die Vor- und Nachteile unserer beiden Favoriten auf.

Bei dem Haus am Jachthafen stehen als positive Aspekte:

- gute Lage: nah am Meer und zugleich im Ort (Einkauf etc.)
- gute Bausubstanz
- schicke Einrichtung und gute Raumaufteilung
- unkompliziert, einfach zu pflegen

Negative Punkte sind:

- nicht hoch genug über dem Meeresspiegel
- verhältnismäßig teuer
- wenig Wohnfläche, nur ein Gästezimmer im Keller

Beim Biohof überwiegt das Positive bei Weitem:

- tolle Lage inmitten der Natur
- Blick auf das Naturschutzgebiet und das Meer
- zwei Ferienwohnungen zum Vermieten und für Besuch von Freunden und Familie

- Gemüsegarten
- Obstbäume
- riesiges Grundstück mit Wald und Wiesen
- saniertes Gebäude mit Energieeffizienzklasse A
- usw. usf.

Silvia fällt kein einziger Nachteil ein. Mir schon:

- es liegt nicht direkt am Meer
- macht viel Arbeit

Dennoch diskutieren wir nur kurz. Die Argumente für das Haus am Jachthafen sind schwach. Der Biohof hat einfach viel mehr zu bieten. Vor allem mehr Möglichkeiten. Silvia schreibt das Wort fett auf die Liste: **MÖGLICHKEITEN**.

Mir wird klar, wonach wir in Wahrheit gesucht habe – nicht nach einem Ort, an dem man nur endlos in die Landschaft oder aufs Meer schauen kann, sondern nach einem Ort, der Möglichkeiten bietet, etwas Neues zu erschaffen. Einen Neuanfang zu starten. Silvia geht es genauso. Aber für sie war der Biohof ja sowieso die einzige Option. Ich habe eine schlaue Frau.

Wir beschließen, am nächsten Morgen auf dem Rückweg zur Fähre noch einmal beim Biohof anzuhalten und mit Dorit und Johannes zu sprechen. Womöglich brauchen wir einfach noch ein letztes kleines Zeichen, dass wir das Richtige tun. Denn ich frage mich: Warum wollen sie ihr Leben an diesem traumhaften Ort überhaupt aufgeben?

Das fehlende Puzzleteil

Vor wenigen Wochen besuchten wir unseren Sohn Elliot in Heidelberg. Er hat zusammen mit ein paar anderen Studenten ein Stück

Ackerland gepachtet, um dort Obst und Gemüse anzubauen. An einem Abend sind wir gemeinsam mit seiner Freundin Thea dorthin geradelt, um das Gemüse zu wässern. Wir waren sofort begeistert von dem Ort, der Schönheit der Natur und dem Thema Selbstversorgung. Mensch und Natur im Einklang miteinander.

Bisher erlaubte uns unser Leben als Filmemacher nur einen kleinen Garten mit ein paar Tomaten und Kräutern. Der Besuch in Heidelberg macht etwas mit uns. Er erweitert unseren Horizont, auf einmal bieten sich ganz neue Möglichkeiten.

Zurück in Hamburg ändere ich den Filter unserer Immobiliensuche im Internet. Ab sofort suchen wir kein Haus, sondern einen Bauernhof. Der erste, der mir vorgeschlagen wird, ist ein Biohof auf Ærø. Ein Dreiseithof mit Reetdach. Weiße Mauern, blaue Türen, überall Blumen – Bullerbü. Aber Ærø? Wo ist das? Dänische Südsee? Ich suche und stelle fest, dass die Insel von Hamburg gar nicht so weit weg liegt, zweieinviertel Stunden mit dem Auto und dann noch eine Stunde mit der Fähre. Ich zeige Guido Bilder vom Hof, und er hält mich überraschenderweise nicht für verrückt. Nur zwei Wochen später machen wir uns auf den Weg zur Insel.

Hygge

Der Biohof ist immer noch so schön wie beim ersten Mal. Ohne die Maklerin zeigen sich Dorit und Johannes sehr viel offener und lockerer. Sie bieten uns Tee, Kaffee und Kekse an, und schnell sind wir in tiefen Gesprächen. Wir setzen uns in den Garten und spüren, dass sie diesen Ort sehr lieben. Das ist gut. Und sie sagen, dass ihre zehn Jahre, die sie hier sein wollten und in denen sie den Hof aufgebaut haben, jetzt zu Ende gehen. Der Rest ist privat. Wir verabschieden uns herzlich und vereinbaren, in Kontakt zu bleiben. Es gibt nämlich noch andere Interessenten. Johannes begleitet uns zum Parkplatz und sagt: »Der Hof sucht sich seine neuen Besitzer selbst aus.«

Mit einem guten Gefühl fahren Silvia und ich zur Fähre. Wir sind schon an Bord, als wir Dorit mit dem Fahrrad ankommen sehen. Sie läuft auf das Schiff und drückt uns einen Zettel mit ihrer Mobilnummer in die Hand. »Wenn ihr Fragen habt, dann ruft mich an«, sagt sie. Wir umarmen sie und uns. Dann legt die Fähre ab. Kitschiger hätte Rosamunde Pilcher es nicht schreiben können.

HERBST 2020

Nach der Rückkehr von Ærø geht alles ganz schnell. Wir sind uns einig. Wenn wir die Chance bekommen, den Biohof zu kaufen, dann machen wir es. Es ist ein Glücksfall, dass wir es beide gleichermaßen wollen. Wir sind bereit, unserem Leben eine völlig neue Richtung zu geben. Aber wie löst man sein aktuelles Leben auf? Und kann man ein neues einfach so beginnen?

Entscheidungen

Ich donnere mit dem Transporter über die Autobahn. Neben mir sitzt unser Sohn Elliot (23), und wir sprechen über *Das Kapital.* Elliot schreibt gerade eine Hausarbeit über Karl Marx und liest mir aus dem ersten Band vor: »Der Reichtum der Gesellschaften, in welchen kapitalistische Produktionsweise herrscht, erscheint als eine ›ungeheure Warensammlung‹, die einzelne Ware als seine Elementarform.« Ich denke, Marx hatte recht, denn der Transporter ist bis unters Dach vollgepackt. Obwohl wir uns von vielem getrennt haben, besitzen wir immer noch jede Menge »Zeug«.

Ich frage mich, wie Elliot sich wohl dabei fühlt. Einerseits hat er mit seinem Philosophiestudium in Heidelberg ein völlig eigenes Leben. Andererseits drehen seine Eltern gerade durch, verkaufen das Zuhause seiner Kindheit und wandern nach Dänemark aus. Die Autofahrt gibt uns Zeit unsere Gedanken auszutauschen.

Es ist schon unsere zweite Tour innerhalb von 24 Stunden. Gestern war Silvia mit uns unterwegs, ist dann aber auf Ærø geblieben und hat die erste Nacht allein auf dem Biohof verbracht. In einer der Ferienwohnungen – Tür an Tür mit Dorit und Johannes. Noch sind es ein paar Wochen bis zur offiziellen Übergabe. Unser Umzug nach Dänemark erfolgt im wahrsten Sinne Stück für Stück.

Die vergangenen drei Monaten waren extrem – in vielerlei Hinsicht. Wir mussten Hunderte Entscheidungen treffen. Der Verkauf unseres Hauses in Hamburg war sehr emotional und anstrengend. Dennoch fühlt es sich gut und richtig an. Ausmisten. Zelte abbrechen. Feng-Shui. Ich bin bestimmt zehnmal zum Sperrmüll gefahren. In über fünfzig Lebensjahren hat sich einfach wahnsinnig viel angesammelt.

Weniger schön war die Büroauflösung von Silvias Filmproduktion. Schreibtische, Stühle, Computer – alles raus über eBay Kleinanzeigen. Das war noch verhältnismäßig leicht. Der Abschied von den engsten Mitarbeitern und Kollegen jedoch war schmerzlich. Aber auch das war mit Vorlauf angekündigt und unumgänglich.

Parallel zum Abriss unseres bisherigen Lebens haben wir angefangen, die Strukturen unseres neuen Lebens in Dänemark aufzubauen. Silvia managt den Kaufprozess, und bislang läuft alles reibungslos. Weihnachten wollen wir schon auf dem Biohof feiern. Das war unser Wunsch, und Dorit und Johannes waren einverstanden. Auch sie wollen, dass alles harmonisch verläuft.

Unterstützung bekommen wir auch von anderer Seite. Für neue Inselbewohner gibt es auf Ærø eigens eine Willkommensbeauftragte, die Fragen beantwortet und sich um die vielen Belange der Neuankömmlinge kümmert. Sie spricht gut Deutsch und gibt uns hilfreiche Ratschläge, was den Umgang mit den Behörden angeht. Zuvor haben wir über unsere Maklerin Kontakt zu einem deutschen Rechtsanwalt aufgenommen, der uns erklärte, welche Möglichkeiten es für Deutsche gibt, in Dänemark ein Haus zu kaufen. Das kleine Land hat sich nämlich Sonderrechte in der EU erstritten, die verhindern sollen, dass »die reichen Deutschen« Häuser kaufen, in denen sie dann gar nicht wohnen. Ferienhäuser, die im Winter verwaisen und ganze Landstriche zu Geisterorten machen, das will hier niemand. Aber Deutsche, die bereit sind, ihren festen Wohnsitz nach Dänemark zu verlegen und in das dänische Steuersystem einzuzahlen, sind gern gesehen. Zumindest ist das mein Eindruck.

Wir fahren langsam auf den Grenzübergang zu und setzen unsere FFP2-Masken auf. Der Beamte deutet mit einer Geste an, dass wir anhalten sollen. Ich lasse das Seitenfenster herunter und reiche ihm unsere Personalausweise sowie einen kleinen Ordner mit Bescheinigungen, Corona-Testergebnissen und anderen Reiseunterlagen. Wir sind gut vorbereitet, denn wir wollen nicht riskieren, dass der Kaufprozess scheitert und wir im Dezember inmitten der Pandemie ohne Unterkunft dastehen. Ich erkläre dem Grenzer, dass wir unterwegs nach Ærø sind, weil wir dort gerade einen Bauernhof kaufen. Er lächelt und wünscht uns eine gute Fahrt.

Mit unserem Umzug bewegen wir uns in einer Grauzone der sich durch Corona ständig ändernden Ein- und Ausreiseregeln. Wir wollen verantwortungsvoll mit der Situation umgehen, verzichten auf alle unnötigen sozialen Kontakte, halten uns streng an die Maskenpflicht und testen uns fast täglich. Bloß nicht anstecken.

Aus diesem Grund gehen Elliot und ich auch auf das Besucherdeck der Fähre statt in den beheizten Passagierraum. Obwohl es heute heftig stürmt und die Wellen der Ostsee kraftvoll gegen den Bug donnern. Ich setze mich an einen windgeschützten Platz, bis Elliot mich holt, um mir zu zeigen, wie die Gischt auf das Autodeck klatscht. Ich zücke mein Handy, um ein Video zu machen, als uns eine Welle trifft und uns von oben bis unten durchnässt. Wir lachen über unsere Dummheit und freuen uns auf den warmen Kamin, der uns auf dem Hof erwartet.

Reif für die Insel

Die Insel Ærø liegt im Südfünischen Meer. Sie ist dreißig Kilometer lang, bis zu sechs Kilometer breit und hat eine Fläche von 88 Quadratkilometern. Es gibt einen kleinen Flugplatz, allerdings mit einer Graspiste. Mit dem Auto kommt man nur mit der Fähre auf die Insel. Es gibt drei Hafenstädte: Søby, Ærøskøbing und Marstal. In jeder Stadt findet sich ein Lebensmittelgeschäft, das jeden Tag im Jahr geöffnet hat. Dazu ein paar Restaurants, Möbelgeschäfte und kleine Läden. Ein kostenloser Inselbus verbindet die Ortschaften miteinander. Es gibt keine Ampeln, nur Kreisel. Ich verbringe keine Zeit mit Warten auf den Straßen, alles fließt. Wenn ich mal einen alten Traktor vor mir habe, fährt er rechts ran und winkt mich vorbei.

Es gibt ein Krankenhaus, Therapeuten und ein paar niedergelassene Ärzte auf der Insel. Die Infrastruktur gleicht der einer Miniaturausgabe einer Stadt. Aber es reicht. Wir brauchen nicht alles im Überfluss. Überfluss schafft Überdruss. Das Tempo ist hier langsamer als in der Großstadt. Die Uhren werden angehalten, die Zeit wirkt zeitlos. Ich vergesse, welchen Tag wir haben. Es ist unwichtig. Ich schaue nach links und sehe das Meer. Ich schaue nach rechts und sehe das Meer. Es macht mich glücklich, an diesem Ort zu sein, umgeben von Wasser als Maß aller Dinge. Die Insel als Ort der Freiheit, der Sehnsucht und der Fantasie. Ist die Insel damit nicht viel größer als nur die Fläche, die man sieht? Die Insel im Meer bringt mich zur Insel in mir.

Mut und Komfortzone

Ich bin 1966 geboren, und meine Tochter Julia ist es im Jahr 1983. Meine erste bewusste mutige Entscheidung war das Ja zu meinem Kind in einer Zeit, in der die meisten Menschen mich selbst noch als Kind betitelt haben. Und ja, es war auch eine großartige Entscheidung meiner Mutter, mir sofort mit Rat und Tat zur Seite zu stehen. »Ich bin da und helfe dir. Du wirst es von nun an schwerer haben als die anderen, aber du schaffst das!« Mein erstes Werkzeug, das ich mir gezielt gesucht habe, war das Sachbuch *Rabenmutter. Na und?* Ich habe es heute noch. Es geht in dem Buch um die Qualität von Zeit. Ich hatte damals das Gefühl, immer am falschen Ort zu sein. Meine Tochter brauchte mich, gleichzeitig musste ich mich um meine Ausbildung und unsere Zukunft kümmern. Ich war verantwortlich für mich und für Julia. Wenn es einem selbst gut geht, geht es auch dem Kind gut. Hört sich in der Theorie super an, aber die Praxis ist anstrengend und schmerzvoll. Das war eine Zeit, an der ich gewachsen bin, die mich für mein Leben prägte. Julia ist jeden Morgen mit einem Lächeln im Gesicht wach geworden und hat sich auf den neuen Tag in ihrem Leben gefreut. Das ist etwas, was mir sehr geholfen und mir Kraft gegeben hat. Im Grunde habe ich durch sie begriffen, dass jeder Tag ein guter Tag ist. Ich habe mich sehr früh aus meiner Komfortzone verabschiedet und mich in Bereichen bewegt, in denen ich beim Machen gelernt habe. Ein Muster, das maßgeblich ist für mein Leben. Ich bin neugierig und suche ständig die Veränderung. Manchmal, wenn ich müde bin, weil die Zahl unserer Projekte überhandnimmt, ich das Maß mal wieder überschritten habe – und das tun Guido und ich oft –, versuche ich durch bewusste Entscheidungen, mein Leben zu entschleunigen. Dann brauche ich eine neue Ausrichtung, eine Feinjustierung, ein kurzes Innehalten und Krafttanken vor dem nächsten Anlauf.

Stimmen

Wir haben in den vergangenen Wochen und Monaten viele unterschiedliche Sprüche, Fragen und Aussagen über unser Projekt gehört. Positive und respektvolle wie: »Ihr seid mutig!«, »Toll, dass ihr das macht!« Aber auch viele negative und sorgenvolle wie: »Ihr könnt doch deine Eltern nicht alleinlassen!«, »Was ist mit euren Kindern und Enkeln?«, »Wovon wollt ihr denn leben?«, »Was wird aus der Filmproduktion?«, »Ihr werdet euch zu Tode langweilen!«, »Man verkauft doch jetzt kein Haus in Hamburg!«, »Ihr habt doch noch nie etwas gepflanzt?« oder »Mitten in einer Pandemie auszuwandern, ist doch verrückt!«

Mit Sicherheit gibt es viele individuelle Gründe, die Menschen daran hindern können, einen so radikalen Schritt zu gehen, wie wir es gerade tun. Und ehrlich gesagt, empfinden wir uns weder als besonders mutig noch als verrückt. Wir sind uns einfach sicher, dass es richtig ist, es genau jetzt zu tun. Wir freuen uns auf die neue Freiheit und sind neugierig, was uns erwartet. Wir wollen ein neues Maß, neue Identitäten für uns finden. Und wir haben einfach keine Antwort auf die Frage: Worauf noch warten?

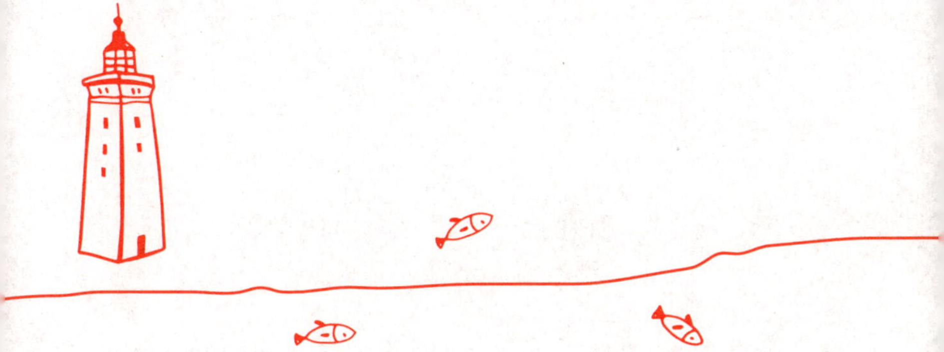

WINTER 2020/2021

Die Insel zeigt uns zum ersten Mal ihr winterliches Gesicht. Der Himmel ist klar und der Wind kalt. Die Leichtigkeit des Sommers ist verflogen, und auch das strahlende Gelb des Herbstlaubes ist verschwunden. Wir aber sind voller Energie und Vorfreude auf das größte Abenteuer unseres Lebens.

Film ab!

Die Kaufentscheidung ist getroffen und das Geld auf ein Treuhandkonto des Notars überwiesen. Jetzt fehlen nur noch ein paar Formalitäten und die finale Unterschrift. Bis es so weit ist, wohnen wir zur Miete auf dem Hof. Von nun an ist das »Filmset« unseres Lebens eine kleine dänische Ostseeinsel. Statt zu drehen, wird künftig der Garten umgegraben, statt vom Catering versorgt zu werden, wird uns hoffentlich das Gemüse ernähren, das wir mit unseren eigenen Händen aus der Erde ziehen. Nahezu alle Arbeiten auf dem Hof werden neu sein für uns. Es sind Tätigkeiten, die wir noch nie gemacht haben und die wir erst lernen müssen. Hinzu kommt, dass wir uns in einem fremden Land zurechtfinden müssen. Dänisch klingt sympathisch, ist aber ziemlich schwer. Nachbarschaft wird auf der Insel großgeschrieben, wird uns gesagt, anders als in der anonymen Großstadt. Aber dass hier jeder jeden kennt – ist das etwas Gutes? Wir wissen, dass es auf dem Weg, der vor uns liegt, auch Hindernisse und Rückschläge geben wird, das liegt in der Natur der Sache. Doch die gäbe es auch auf allen anderen Wegen, die wir gehen könnten, selbst wenn wir uns entschlossen hätten, einfach weiterzumachen wie bisher.

Freiheit – eine Rückblende

Corona hat uns alle angehalten. Die Welt stand still. Auch wir standen still. Unser Filmprojekt *Wellenbrecherinnen* war bereit für den großen Kinostart. Zwei Jahre lang haben wir vier Frauen begleitet, die über den Atlantik gerudert sind. Mehr als hundert Kinos wollten den Film zeigen. Das ist die Kür. Für uns und für die Protagonistinnen. Und dann das. Lockdown. Keine richtige Premiere. Die Kinotour kurzfristig abgesagt. Damit starb eine wichtige Finanzierungssäule des Projekts – und irgendetwas auch in uns.

Das Arbeiten im Homeoffice hat uns verändert. Es funktionierte. Wir merkten, wir müssen nicht täglich in der Agentur sein. Und wir merkten, dass uns das Mehr an Freiheit und Selbstbestimmung gefiel. Immer öfter sprachen wir über unsere Lebenssituation und die aktuellen Veränderungen durch die Pandemie. Wo stehen wir? Was lieben wir? Wovon wollen und können wir uns trennen? Eine große Bestandsaufnahme unseres Lebens. Und wir stellten fest: Es war Zeit für eine Veränderung. Für einen neuen Ort, der uns mehr Raum gibt. Viel Natur und wenig Menschen. Der Horizont und das Meer. Haben wir diesen Ort gefunden?

Wer den Winter übersteht, der bleibt

Die Willkommensbeauftragte der Insel heißt Joan, sie ist unglaublich hilfsbereit, und ich rufe sie zu Beginn fast täglich an. Ich habe so viele Fragen: Wie stellen wir sicher, dass wir unter Corona-Bedingungen hin und her pendeln können? Welche Aufgaben hat die Kommune? Wer sind unsere Ansprechpartner? Wie eröffnen wir ein dänisches Bankkonto?

Bei unserem ersten Treffen im September 2020 im Büro der Kommune sitzt sie uns lächelnd gegenüber und kommt mit meiner Aufregung und Begeisterung gut klar. Das sie zu unserem Glück Deutsch spricht, wusste ich von den Telefonaten. Wir sprechen über unseren Zeitplan, wann wir umziehen wollen und was wir dabei beachten müssen. Sie informiert uns über den Sprachkurs, der auf der Insel angeboten wird, und das Treffen mit dem Bürgermeister, der alle Neuankömmlinge persönlich willkommen heißt. Sie berät uns beim Thema Ummeldung von Guido, der als Erster seinen Lebensmittelpunkt nach Dänemark verlegen wird. Sie erklärt uns das Gesundheitssystem auf der Insel. Es gibt nur eine Hand voll Ärzte, zuständig für 6000 Insulaner. What? Nicht dein Ernst, so wenige Ärzte und keinen einzigen Facharzt? Doch, einen Zahnarzt gibt es. Und einen 24-Stunden-Notdienst. Das beruhigt mich.

Joan berichtet, dass ein Drittel der Inselbewohner Rentner sind. Das ist wohl eine Untertreibung. Ich glaube eher, dass wir mit unseren Jahrgängen den Schnitt nach unten ziehen. Wir fragen nach den kulturellen Angeboten, und auch hier wird der Inselstatus überdeutlich. Es gibt nur sehr wenige Möglichkeiten. Zum Glück gibt es ein Kino. Es heißt Andelen und ist das kleinste Kino Dänemarks. Vierzig Sitzplätze. Wer braucht schon ein großes Kino? Im Sommer finden Musikfestivals, Segelregatten, Marathonläufe und Radrennen statt. Auch andere touristische Attraktionen werden geboten. Und im Winter? »Da gibt es keine Touristen, und es kehrt Ruhe ein«, meint Joan, »auf diese Zeit freuen sich alle.« Auch wegen diesen einsamen Monaten gibt es wohl sage und schreibe 180 Vereine auf der Insel. »Wer den Winter übersteht, der wird die Insel lieben«, sagt Joan und lächelt uns aufmunternd zu. Sie muss es wissen – geboren auf der Insel und geblieben. Überhaupt mag ich Joan. Sie hat etwas Geradliniges, Gelassenes. Es ist der Beginn einer ersten Freundschaft.

Dänemark digital

Silvia und ich sind wieder unterwegs von Hamburg nach Dänemark. Dieses Mal geht es nicht nach Ærø, sondern nach Aabenraa, eine kleine Stadt auf dem dänischen Festland. Wir haben einen Termin mit SIRI – nein, nicht mit der aus dem Smartphone, sondern mit der »Styrelsen for International Rekruttering og Integration«, was so viel wie Einwanderungsbehörde bedeutet. Silvia ist in den vergangenen Wochen in Hochform. Während ich mich überwiegend um die körperlich anstrengenden Umzugsarbeiten kümmere, übernimmt sie fast die gesamte Kommunikation mit den dänischen Behörden. Ich sehe sie eigentlich nie ohne ihren Laptop und diverse Mappen. Durch unsere Arbeit in der Medienwelt sind wir in puncto digitaler Kommunikation einigermaßen fit – zumindest nach deutschen Standards. In Dänemark ist der aber deutlich höher. Alles, was mit dem Staat zu tun hat, ist komplett digitalisiert, und vieles, was gespeichert wird, ist öffentlich zugänglich. Es gibt zum Beispiel Onlineportale, auf denen man nachschauen kann, wie viel der Nachbar für sein Haus bezahlt hat. Das Ziel – so zumindest wird es uns erzählt – ist einerseits ein effektiver, handlungsfähiger Staatsapparat, andererseits Offenheit und Transparenz. Man könnte auch sagen: »staatliche Kontrolle zum Wohle der Gesellschaft«. Die deutschen Datenschützer würden durchdrehen.

Ein Herzstück für die Aufenthaltsgenehmigung ist das Zentrale Personenregister, kurz CPR, und die damit verbundene persönliche CPR-Nummer. Ohne diese Nummer geht nichts. Gar nichts. Und um diese Nummer zu bekommen, muss man mit der Meldebescheinigung der örtlichen Kommune zu SIRI. Neben einem bereits ausgefüllten Antrag für eine Aufenthaltserlaubnis muss ich auch einen aktuellen Kontoauszug meiner deutschen Bank vorlegen, der beweisen soll, dass ich nicht vorhabe, dem dänischen Staat auf der Tasche zu liegen.

Nach einer knapp dreistündigen Fahrt betreten wir das mehrgeschossige Backsteingebäude, folgen den Hinweispfeilen bis zu der Abteilung, die auf unseren Dokumenten angegeben ist, und ziehen eine Wartenummer aus einem kleinen Plastikständer. In dem nüchtern eingerichteten Warteraum ist es überraschend leer. Ein krasser Gegensatz zu den Bildern, die man aus Deutschland kennt. Wir haben uns nach einigen Überlegungen entschlossen, dass erst mal nur ich meinen Wohnsitz in Dänemark anmelde. Als freiberuflicher Regisseur ist das für mich wesentlich unkomplizierter als für Silvia mit ihrer Filmproduktion.

Schon zwei Minuten später erscheint unsere Nummer auf dem Monitor. Wir sind ein bisschen aufgeregt. Die junge Dänin hinter dem Schalter ist skandinavisch kühl und professionell. Silvia schiebt ihr die Unterlagen unter der Glasscheibe hindurch, und nach drei Minuten ist alles erledigt. Der ganze Termin hat maximal fünfzehn Minuten gedauert.

Bevor wir zurückfahren, wollen wir noch kurz an den Strand, um ein bisschen frische Luft zu schnappen. Wir setzen uns auf eine

Bank, genießen den Blick aufs Meer und essen unseren Reiseproviant. Wieder ein Schritt geschafft. Wenn mit den Unterlagen alles in Ordnung ist, bekomme ich eine Aufenthaltserlaubnis, mit der ich dann von unserer Kommune die CPR-Nummer erhalte. Das gesamte Sozialsystem ist daran gekoppelt und auch das Gesundheitssystem. Alles dreht sich hier um die gelbe »Sundhedskort« (Gesundheitskarte), auf der die CPR-Nummer vermerkt ist. Man muss sie immer dabeihaben. Außerdem ist diese Nummer Teil der sogenannten NemID, mit der man sich digital authentifizieren kann. Dazu braucht man dann aber natürlich noch die entsprechende App auf dem Smartphone, mit der man, ähnlich wie beim Onlinebanking, die digitale Aktivität noch einmal bestätigen muss. Aus diesem Grund sind auch ein Smartphone und eine dänische Telefonnummer unerlässlich.

Jeder Bürger Dänemarks hat ein eigenes digitales Postfach, über das einem die behördliche Kommunikation zugestellt wird. Das wiederum muss man mit einem privaten Postfach verbinden. Jeder Posteingang gilt dann als offizielle Zustellung. Mein Problem dabei ist, dass alles auf Dänisch ist. Für jeden Vorgang brauche ich ungefähr fünfmal so lang wie in Deutschland. Zum Glück gibt es heutzutage ja Internetbrowser mit Übersetzungsfunktion.

Auch die dänischen Banken sind ausgesprochen neugierig, wollen sofort deine Vermögensverhältnisse wissen und digital dokumentieren. Bei jeder Überweisung aus Deutschland fragen sie nach, woher das Geld kommt. Auch SKAT, die dänische Steuerbehörde, steht von Tag eins an auf der Matte. Wenn man eine Frist verpasst, gibt es gleich eine saftige Strafe. Wir haben nichts zu verheimlichen, aber die Kontrolle ist doch sehr, sehr ungewohnt, um es mal moderat auszudrücken.

Wenn man online nicht weiterkommt, gibt es immer eine Servicetelefonnummer, über die man einen Ansprechpartner bei der Behörde erreicht. Klingt sehr einfach – wenn man denn Dänisch spricht. Noch tue ich das aber nicht. Die größte Herausforderung dabei: Bevor man mit einem Menschen sprechen kann, erklingt eine automatisierte Ansage, von der ich nur verstehe, dass ich je nach Anliegen eine andere Nummer drücken soll. Häufig drücke ich dann irgendeine, und gleich darauf kommt der erste dänische Satz zum Einsatz, den ich mir gemerkt habe: »Taler du tysk eller engelsk?« (Sprechen Sie Deutsch oder Englisch?) Glücklicherweise können die Menschen am anderen Ende der Leitung in den allermeisten Fällen Englisch. Manchmal auch Deutsch. Und immer sind sie freundlich. Auch etwas, was ich in Deutschland schon anders erlebt habe.

In Hamburg sagt man »Tschüss«

Die letzte Nacht in unserem Hamburger Haus haben wir uns so romantisch vorgestellt. Matratze auf dem Boden, Kerzenlicht und ein Glas Wein. Aber es kommt anders. Wir sind völlig erledigt. Hinter uns liegen Wochen und Monate, in denen wir mental und körperlich an unsere Grenzen gegangen sind. Wir haben es unterschätzt, das Loslassen vom Alten und Einlassen auf das Neue. Erschöpft fallen wir auf die Matratze und schlafen wortlos ein.

Das Haus ist ausgeräumt. Jedes einzelne Teil in die Hand genommen und sortiert. Werde ich das oder jenes vermissen? Brauche ich es? Erinnert es mich an irgendwas? Was ist wichtig, was nicht? Entscheidungen über Entscheidungen. Alles, was mir am Herzen liegt, kommt mit. Vieles verschenken wir. Doch trotz allem merke ich, dass das Aussortieren mir Freiheit gibt. Ich habe das Gefühl, dass es mir hilft, den großen Schritt der Veränderung anzugehen.

Am nächsten Morgen gehen wir zum letzten Mal aus der Haustür und werfen den Schlüssel in den Briefkasten. Elliot ist bei uns. Er hat uns in den vergangenen Wochen sehr geholfen. Elliot hat seine gesamte Kindheit in diesem Haus verbracht. Auch er will sich verabschieden. Gemeinsam sind wir bereit zur Abfahrt, zum Loslassen und zum Weinen.

Alles ist schöner auf Ærø

Unser neues Zuhause. Dorit und Johannes haben ihre persönlichen Sachen verpackt und uns Platz geschaffen. Platz zum Ankommen. Ein neuer Lebensabschnitt beginnt genau hier und jetzt. Überall stehen unsere Kisten. Dinge, die wir zum Leben brauchen, Dinge, die uns wichtig sind.

Das Haus riecht gut. Ich bekomme Luft in den Räumen. Vor allem liebe ich unsere neue Küche. Großzügig, hell, viele Arbeitsflächen, ein Gasherd und den wunderschönen Innenhof vor Augen. Es macht Spaß, das Haus zu unserem Haus zu machen. Ich fühle mich wohl. Ich fühle mich sicher. Von Anfang an. Vorher habe ich mir Gedanken gemacht, ob ich wohl Angst bekomme, wenn ich die ersten Nächte allein auf dem Hof verbringe. Aber nein, obwohl rundherum fast nur Land ist und die Nächte schwarz und still sind, fürchte ich mich nicht.

Es gibt viele Zimmer in unserem Haus. Neben den beiden Wohnungen, die schon Dorit und Johannes an Feriengäste vermietet haben, haben wir nun eine offene Küche mit Esszimmer, ein kombiniertes Wohn-Schlafzimmer, ein Bad und eine Toilette. Außerdem gibt es einen für Dänemark typischen Durchgangsraum vom Stall in den Wohnbereich, den Bryggers. So etwas wie eine Reinigungsschleuse, in der man den Dreck von draußen loswird und die man gleichzeitig als Waschküche nutzen kann.

Unser Grundstück umfasst sechseinhalb Hektar. Das ist wahnsinnig viel Fläche. Was da alles dazugehört: Pferdeweiden, Wald, Büsche, Teiche, Blumenwiesen. Alles ist grün und wild. Wenn wir über das Land gehen, haben wir ein breites Grinsen im Gesicht. Es erfüllt uns mit großer Freude und Dankbarkeit, dass wir hier leben dürfen. Es ist wie ein riesiger Abenteuerspielplatz.

Diese Veränderung konfrontiert mich mit mir selbst. Ich möchte die Chance nutzen, um mich von alten Gewohnheiten zu lösen. Und ich freue mich auf neue Strukturen und einen neuen Lebensrhythmus im Zusammenspiel mit der Natur.

Dreiseithof

Der Hof wurde 1869 erbaut und sieht von oben betrachtet aus wie ein großes U. Ein sogenannter Dreiseithof. Sämtliche Wohnräume befinden sich in dem unteren Schenkel, während sich in den beiden Seiten alte Ställe und Scheunen befinden. Silvia möchte sich erst mal um die Wohnungen kümmern. Ich dagegen freue mich vor allem auf die Ställe und die darin befindlichen Geräte und Maschinen. Wir benennen die Räume vorerst einfach nach ihren Funktionen: Katzenstall, Holzstall, Saunastall, Fahrradstall und Müllstall. Dazu kommen noch zwei große Dachböden, auf denen allerlei Zeug lagert, das ich von Johannes übernommen habe. Ein paar alte Türen, Holzbalken, Stroh, Wasserschläuche, Rohre, Zäune, Gitter, Isoliermaterial – keine Ahnung, wozu ich das irgendwann mal benutzen kann oder muss.

Die Maschinen sind im Wesentlichen ein Aufsitzrasenmäher und ein Einachser für das Pflügen des Gartens. Aber beide kommen vor dem Frühjahr nicht zum Einsatz. Johannes meint, mit zwei Stunden Hofarbeit pro Tag komme man gut aus. Ich denke eher, dass es ein Vollzeitjob wird, und habe riesigen Respekt vor dem, was mich erwartet.

❀ Wie, ihr geht weg?

Unsere Familie reagiert unterschiedlich auf unseren Plan. Meine Tochter Julia (37) und ich sind uns sehr nah. Sie ist der Mensch in meinem Leben, mit dem ich, nach meinem Bruder Marc, die meiste Zeit verbracht habe. Wir lieben uns sehr, und sie musste als Kind einer so jungen Mutter auch einiges aushalten. In unserer Beziehung wird alles ausgesprochen, und so gibt es immer Reibung. Es ist eine innige Beziehung, an der wir kontinuierlich arbeiten, weil es uns wichtig ist. Julia gibt mir maximal sechs Monate auf der Insel. Ein Ort mit wenigen Menschen und wenig Kultur sei doch nichts für mich. Für Julia ist auch die räumliche Distanz ein großes Thema. Ihr Alltag mit ihren drei kleinen Kindern und einem Beruf, den sie liebt, ist herausfordernd. Sie wünscht sich von mir mehr Unterstützung. Das kann ich gut verstehen. Meine Entscheidung für die Insel war also in gewissem Sinne auch eine Entscheidung gegen die Unterstützung von Julia. Es gibt Momente, in denen ich mich deshalb schlecht fühle. Aber ich habe diese Entscheidung für mich und mein Leben getroffen.

Elliot liebt den Hof und die Insel vom ersten Moment an, sagt aber auch, dass es komisch ist, dass wir auf einmal ein Leben führen, das er sich selbst für seine Zukunft vorstellen kann. Das nehme ich mal als großes Kompliment.

Guidos Eltern haben Angst, dass wir sie weniger besuchen. Auch verstehen sie nicht, warum wir uns so viel Arbeit aufbürden. »Dort müsst ihr ja noch so viel tun.« Dabei vergessen sie, dass sie damals, als sie in unserem Alter waren, selbst ausgewandert sind und 15 Jahre auf einem Segelschiff gelebt haben.

Unsere Freunde hingegen kennen uns gut genug, um zu wissen, dass wir den Wandel der Zeit auch als Chance begreifen. Unsere große Entscheidung hat natürlich eine Bedeutung für unser soziales und familiäres Umfeld, und es entstehen neue Konflikte dadurch.

Konflikte haben mich aber noch nie abgehalten in der Entscheidungsfindung. Und sicher habe ich auch Ängste in diesem Prozess, aber die machen mich nicht handlungsunfähig. Ich glaube, mein größter Antrieb ist neben Guido mein Grundvertrauen in das Leben und in mich selbst.

Der Kater Pablo

Mit dem Hof geht auch ein Kater in unseren Besitz über. Buy a house and get a cat for free. Pablo lebt schon seit zehn Jahren hier, zugelaufen und einfach geblieben, wie Dorit sagt. Die Frage, ob wir ihn behalten, stellt sich da gar nicht erst. Der Hof ist seine Welt.

Pablo ist ein schöner, stolzer Kater mit rot-braun-weißem Fell. Er schnurrt sehr laut, wenn es ihm gut geht, und tauscht seine ehemaligen Mitbewohner Dorit und Johannes eiskalt durch uns aus. Schnell lernen wir, dass eine Katze, genau wie ein Kind, bestimmte Gewohnheiten hat. Fressen, Schlafen, Stromern und kurzes Kuscheln bestimmen Pablos Tag. Es macht Freude, ihn zu beobachten und kennenzulernen. Er bringt etwas Eigenes, Sanftes und Liebevolles mit. Vor allem gefällt mir, dass Pablo ein »Freigänger« ist, genau wie wir.

In den ersten Wochen befolgen wir nahezu alles, was Dorit uns so an Pablo-Tipps gegeben hat. Ich muss jedoch feststellen, dass mir nicht alles passt, was damit einhergeht. Wieso sitzt der Kater auf der einen Hälfte des Sofas, und Guido und ich quetschen uns zusammen auf die andere? Wieso streichelt Guido neuerdings Pablo statt wie sonst meine Füße? Und in unserem Bett hat Pablo schon mal gleich gar nichts zu suchen. Klar, er macht seinen Job und sorgt dafür, dass wir es nicht mit einer Mäuse- und Rattenplage zu tun bekommen. Aber darf er sich deswegen alles erlauben? Muss er wirklich jeden Morgen miauend vor unserem Bett sitzen? Nein. Muss er jeden Stuhl belagern? Nein. Muss sein Futternapf bei uns in der Küche stehen? Nein.

Mittlerweile findet sein Leben mehr im Freien statt. Sein Futter bekommt er im Katzenstall, und geschlafen wird maximal im Bryggers. Diese Anpassungen haben zur Folge, dass er nun draußen viel mehr Zeit mit uns verbringt.

Weihnachtsfest – Wunsch und Wirklichkeit

Endlich ist es so weit. Julia kommt mit ihrem Mann Simon und den Kindern Max (vier Jahre), Lilly und Vincent (knapp zwei Jahre alte Zwillinge) zum ersten Mal auf die Insel, um die Feiertage mit uns zu verbringen. Ich bin aufgeregt, weil ich mich so freue, unser neues Zuhause mit ihnen zu teilen. Ich bin sehr gespannt, was meine Tochter dazu sagt.

Wir fahren runter zum Hafen, um sie bei der Fähre zu empfangen. Julia und Simon sind erschöpft, von der Reise und den Kindern. Nach einer lauten und wilden Begrüßung geht es direkt zum Hof.

Meine Begeisterung für unser neues Leben und die Insel ist erst einmal nicht Jules Begeisterung. Sie kann unsere Entscheidung immer noch nicht wirklich nachvollziehen. Aber ehrlich gesagt ist mir das auch nicht so wichtig. Je älter ich werde, desto weniger Applaus brauche ich für Entscheidungen, die ich getroffen habe. Und es ist mir auch nicht mehr so wichtig, dass alle mich verstehen. Ich bin seit 37 Jahren Mutter. Unsere Kinder sind erwachsen. Wir müssen unsere Tage nur noch um uns und mit uns organisieren. Keine tägliche Verantwortung mehr für die Kinder. Es ist eine ganz andere Lebensphase. Eine, die noch keinen eigenen Namen hat, aber auf jeden Fall einen verdient. Es ist eine wunderbare Zeit, um uns wieder auf uns selbst und auf unsere Beziehung einzulassen. Es ist eine große Chance, um Neues auszuprobieren und alte Pfade zu verlassen.

Jule, Simon und die Kinder kapern die große Ferienwohnung. Die bietet genug Platz für fünf Personen und hat einen direkten Zugang zu unserem Bereich. Elliot und seine Freundin Thea sind schon ein paar Tage zuvor mit uns auf die Insel gekommen und haben die kleinere Ferienwohnung über uns bezogen.

Es sind gute Tage. Wir wandern mit den Kindern am Strand und zum Leuchtturm, wir kochen gemeinsam, spielen, und schließlich bekommen die Kinder ihre Weihnachtsgeschenke. Es wird diskutiert, gelacht, geweint und gestritten. Das ist normal bei uns. Unser Motto ist: »Nichts wird unter den Teppich gekehrt, alles kommt auf den Tisch.« Guido und ich feiern dieses Familienleben auf Zeit. Vor allem ist es spannend für mich, unsere beiden Kinder in den neuen Phasen ihres Erwachsenen-Lebens zu beobachten.

Bei den Gesprächen mit Elliot und Thea dreht sich viel um die Veränderung der Welt, die Klimakrise und die daraus resultierenden Herausforderungen unserer Zeit. Und um ihre Existenzängste. Bei Julia und Simon geht es eher um das Überleben im Arbeitsalltag. Sie sind beide in großen Unternehmen angestellt und haben verantwortungsvolle Aufgaben – neben den drei kleinen Kindern. Zwischen Elliot und Julia liegen vierzehn Jahre und Welten zwischen ihren Lebenseinstellungen und Ansichten. Guido und ich können von beiden viel lernen.

Tatendrang

Den Silvesterabend verbringen wir mit Johannes und Dorit. Ganz gemütlich bei einem gemeinsamen Abendessen. Sie werden ihren Lebensmittelpunkt zukünftig in Deutschland haben, aber so ganz können sie noch nicht von Ærø lassen. Dorit hat sich deshalb ein kleines Haus im Nachbarort Bregninge gekauft.

Obwohl es neblig und nasskalt ist, fahren wir kurz vor Mitternacht runter zum Fährhafen von Søby, um ein paar Raketen abzufeuern und auf das aufregende Jahr anzustoßen, das vor uns liegt. Auch einige Dorfbewohner haben sich dort versammelt, und eine Gruppe Jugendlicher lässt es ordentlich krachen. Der Qualm der Feuerwerkskörper mischt sich mit dem Nebel. Und dann: »Drei, zwei, eins – godt nytår!« Alle prosten sich zu.

Wir selbst können das neue Jahr kaum erwarten, vielleicht liegen wir deshalb schon um 1 Uhr im Bett.

Der 1. Januar. Ab heute sind Silvia und ich ganz offiziell Besitzer des Biohofs. Wir sind voller Energie. Wie oft am Neujahrsmorgen gehen wir eine Runde laufen. Es wird eine kleine Runde, mit einigen Gehpausen, denn wir sind alles andere als fit. Aber das ist uns egal. Wir haben sehr viel geschafft in den vergangenen Wochen und Monaten. Wir laufen, um die Natur und das Licht zu genießen.

Die Straße geht sanft bergab, und wir kommen an einem Gehege mit Lamas, Ziegen und Gänsen vorbei. Neugierig laufen die Tiere zum Zaun. Ganz vorne ein sehr großes, braunes, männliches Lama, dahinter die Weibchen mit den Jungtieren, gefolgt von den Ziegen und den schnatternden Gänsen. Sie starren uns an. Vielleicht wissen sie, dass wir die Neuen auf der Insel sind. Oder sie haben noch nie einen Jogger gesehen.

Wir laufen weiter und biegen ab zur Kunsthøjskole, einer Akademie, an der sich potenzielle Kunststudenten auf ihre Bewerbung vorbereiten. Wir schauen durchs Fenster und sehen eine Gruppe junger Menschen beim Kochen. Sie lachen und haben offensichtlich eine gute Zeit. Sie bemerken uns nicht.

Ein schmaler, steiler Weg führt uns den Hügel hinauf zur Vester Mølle, einer historischen Mühle, von der aus wir uns an dem fantastischen Blick über den westlichen Teil der Insel erfreuen. Wir sind außer Atem. Silvia hat ein rotes Gesicht. Ich wahrscheinlich auch. Trotzdem machen wir mit dem Handy ein paar Erinnerungsfotos.

Weiter geht es bergab auf einem verschlungenen, fast komplett zugewachsenen Waldweg bis zum alten Wikingerhügel und dem Søbygård, einem kleinen Schloss mit Wassergraben. Die tief stehende Sonne lässt es wie eine verwunschene Märchenkulisse erscheinen.

Der letzte Teil der Runde führt am Naturschutzgebiet Vitsø entlang. Der Name Vitsø stammt von »hvid sø« und bedeutet weißer See. Früher war der Vitsø mal ein Fjord und mit der Ostsee verbunden, dort haben die Wikinger Schutz vor ihren Feinden gesucht. Irgendwann haben ihn die Bauern von Ærø dann – nach vielen Fehlversuchen – eingedeicht und trocken gelegt, um mehr landwirtschaftliche Fläche zu gewinnen. 2009 wurde das Gebiet schließlich als See renaturiert, und heute beheimatet das Feuchtbiotop bis zu 200 Vogelarten. Sogar Seeadler ziehen hier regelmäßig ihre Kreise.

Es ist ziemlich matschig, weil das Grundwasser der umliegenden Hügel aus dem Boden sickert. Vom Weg zweigt ein kleiner Durchgang zu unserem Grundstück ab, das von hier aus noch viel größer wirkt. Ich finde es prachtvoll, satt und schön. Obwohl es Winter ist, strotzt der weiche Boden vor Fruchtbarkeit. Ich frage mich, wie wir das alles nutzen werden. Vielleicht pachtet die Pferdebesitzerin es auch dieses Jahr, damit verdienen wir zwar kein Geld, aber die Pferde sehen toll aus und wir sparen uns das Mähen.

Zurück im Haus bin ich beseelt von den vielen Eindrücken. Bilder, Gerüche, Geräusche – alles ist anders, als ich es von der Großstadt kenne. Keine stinkenden Abgase, keine Ampeln, keine Autos, kein Lärm – was für mich über fünfzig Jahre lang absolut normal war, gibt es hier einfach nicht. Kann es sein, dass ich mich schon von der Stadt entfremde?

In den vergangenen Wochen haben wir eine Bestandsaufnahme gemacht und einen Plan für die Renovierung ausgearbeitet. Wir haben das Haus zwar in einem guten Zustand übernommen, aber natürlich sind trotzdem eine Menge kleinerer und größerer Aufgaben zu erledigen. Deshalb habe ich mir ein neues Motto zugelegt. Es lautet: »Ich mache alles immer sofort!« Denn in Hamburg konnte es schon mal ein Jahr dauern, bis eine kaputte Glühbirne ausgetauscht oder ein Türgriff festgeschraubt wurde. Der Vorsatz ist gut und die Umsetzung klappt. Bis jetzt zumindest. Silvia ist überrascht. Immer wenn sie mich bittet, etwas zu reparieren, antworte ich: »Ich mache alles immer sofort!« Dann lacht sie und freut sich. Mir macht es Spaß, sie zu überraschen und ihr neue Seiten von mir zu zeigen. Jetzt habe ich endlich Zeit dafür, und ich entscheide selbst, was gerade wichtig ist. Ich bin gespannt, wie lange ich das durchhalte.

Eine andere Sache, die ich mir fest vorgenommen habe, ist mehr Gelassenheit. Ærø scheint dafür perfekt zu sein. Wir haben uns ein Jahr Entwicklungszeit gegeben. Ein Jahr, in dem wir nur zuhören, beobachten und lernen wollen. Wir wollen uns aufs Ankommen fokussieren und diese Zeit genießen. In den nächsten Wochen werden wir uns deshalb entscheiden müssen, ob wir unser Filmprojekt *SXULLS – Row to Tokyo* wieder aufnehmen wollen. Zwei Jahre haben wir die deutsche Ruder-Nationalmannschaft begleitet, bis das Projekt von Corona und der Verschiebung der Olympischen Spiele gestoppt wurde.

❀ Wenn alte Mauern sprechen

In den Ferienwohnungen übernehmen wir das gesamte Mobiliar. Dort beschränkt sich unsere Renovierung auf das Weißen der Wände und das Austauschen von Geschirr, Besteck und wenigen Möbeln. In unserem Wohnbereich haben Dorit und Johannes alles mitgenommen – mit zwei Ausnahmen: einer blauen Bank und einem alten türkisblauen Bauernschrank. Die beiden Möbelstücke wollten wir unbedingt haben.

Einen schönen Holztisch, den wir aus Hamburg mitgebracht haben, bauen wir als Erstes auf. Er passt perfekt in die neue Essecke. Ein Sofa und ein Bett für das Wohn-Schlafzimmer haben wir ebenfalls aus Hamburg mitgebracht. Wir sind uns einig, dass die Wände im Eingang, in der Küche und im Wohnbereich weiß gestrichen werden. Eine neue Grundlage, Sauberkeit und Frische für unser Zuhause. Die Bio-Farbe bringen wir aus Deutschland mit. Die Decken sind nicht sehr hoch, typisch für Dänemark und einfach zu streichen: Wir brauchen keine Leiter.

Guido und ich sind auch beim Renovieren ein gutes Team. Beim Abkleben und Malen wechseln wir uns ab und hören währenddessen Podcasts, damit uns im Kopf nicht langweilig wird. Das Überstreichen des Kalk-Lehm-Putzes funktioniert super. Bis auf ein Mal. Ich bin allein und will Guido damit überraschen, dass ich den ersten Teil der Malerarbeiten zu Ende gebracht habe. Es fehlt nur noch die Wand im Esszimmer. Es ist spät am Abend, als sich der Putz von der Wand löst und mir quasi entgegenfällt. Ich bin genervt und überlege, ob ich sofort aufhören soll. Da entdecke ich unter dem Putz eine lavendelfarbige Mauer, die zu den alten Malereien auf den Holzbalken passt. Ich beginne, die gesamte Wand vom Putz zu befreien, und habe auf einmal das Gefühl, dass die Wand lebendig wird und von längst vergangenen Zeiten erzählt. Vor mir liegt ein Teil Hofgeschichte. Da fällt uns die Entscheidung leicht: Wir lassen die Wand genau so, wie sie ist. Unperfekt ist perfekt. Zum Beispiel die uralten, mehrfarbigen Türen. Das Wichtigste ist, dass es sich nach uns anfühlt und wir uns wohlfühlen.

Nachbarschaft

Silvia ist in Hamburg bei Jule, Simon und den Enkelkindern. Sie besucht auch meine Eltern und hat ein paar Dinge zu erledigen. Ich genieße die Ruhe, packe weiter Kisten aus und suche mir jeden Tag ein neues Renovierungsprojekt. Nach getaner Arbeit sitze ich abends vor dem Kamin und schaue stundenlang fasziniert ins Feuer.

Heute habe ich mir vorgenommen, die lange Küchenarbeitsplatte abzuschleifen, die nach all den Jahren doch einige Gebrauchsspuren aufweist. Ich räume sie frei und mache ein Vorher-Foto. Die Schleifmaschine habe ich von meinem Vater geschenkt bekommen. Er hat damit das Deck der Segeljacht geschliffen, auf der sie viele Jahre gelebt haben. Jetzt braucht er sie nicht mehr.

Ich komme besser voran, als ich gedacht habe. Aber es staubt ganz schön. Ich versuche zu improvisieren und befestige den Schlauch des Staubsaugers mit Klebeband am Schleifgerät. Doch das funktioniert nur mittelmäßig, also heißt es weiter: Schleifen, Saugen, Schleifen, Saugen … Nach zwei Stunden sieht die Platte schon ziemlich gut aus. Irgendwo habe ich gelesen, man solle Holzarbeitsplatten nach dem Schleifen mit Olivenöl behandeln. So ganz traue ich mich aber nicht, daher mache ich mich erst einmal im Internet schlau und schaue ein paar YouTube-Videos. Leinöl soll noch besser geeignet sein. Aber wo bekomme ich das jetzt her? Ich rufe unseren Nachbarn Rüdiger an und frage ihn, ob er weiß, wo ich auf der Insel Leinöl auftreiben könne. Fünf Minuten später steht er vor der Tür – mit einer Literflasche Leinöl in der Hand. Ich bin begeistert und dankbar.

Ich mache Musik an, verteile das Öl mit einem frischen Pinsel und massiere es mit einem Tuch ein. Es riecht ein bisschen streng, und Kater Pablo rümpft die Nase. Inzwischen ist es dunkel geworden. Das Licht der Küchenlampe reflektiert auf der glänzenden

Oberfläche. Ich schieße ein Nachher-Foto und schicke die beiden Bilder an Silvia. Noch während ich im Kamin ein Feuer anzünde, macht es »Pling«. Silvia hat mir ein Herz-Emoji gesendet.

Krankheit als Chance

Ich bin mal wieder in Hamburg unterwegs. Neben beruflichen Terminen und Verabredungen mit Julia und den Enkeln, Guidos Eltern und Freunden, die ich vermisse, habe ich einen Nachsorgetermin bei meinem Frauenarzt. Ich befinde mich immer noch in einem recht engmaschigen Kontrollmodus meines im Februar 2016 diagnostizierten Brustkrebses.

Rückblende: Eigentlich ist es ein Morgen wie jeder andere. Ich trinke einen ersten Kaffee, danach stelle ich mich unter die Dusche. Wie jeden Morgen wasche ich mich eher automatisch und hänge meinen Gedanken nach. Doch dann spüre ich auf einmal etwas. Einen kleinen Widerstand an meiner linken Brust. Ich drücke darauf herum und frage mich: War das gestern auch schon da? Ich rufe Guido und zeige ihm die Stelle. »Ich spüre nichts«, sagt er, »ist aber sicherlich besser, du rufst den Arzt an und lässt das mal anschauen.«

Zwei Stunden später bin ich bei meinem Frauenarzt. Wir machen noch Scherze und sprechen über eine mögliche Verkalkung. Doch nach dem Blick auf das Ultraschallbild wird er plötzlich sehr ernst. Was folgt, verändert mein Leben. Fünfzig Jahre lang musste ich mir nie Sorgen um meine Gesundheit machen. Und mit einem Schlag ist alles anders.

Mein erster Gedanke sind meine Kinder. Ich bin dankbar, dass sie schon erwachsen sind. Ich weiß, dass sie auch ohne mich klarkommen. Dann Guido. Auch er wird ohne mich klarkommen. Danach folgt wie im Schnelldurchlauf eine Inventur meines Lebens:

Wie geht es mir in meinem Leben? Wo stehe ich in meinem Leben? Welche Beziehungen lebe ich? Womit beschäftige ich mich?

Ich werde etwas ruhiger und beschließe, alles zu tun, was nötig ist, um zu überleben. Und auch, dass der Krebs mein Leben nicht bestimmen wird. Dass er nicht das alles beherrschende Thema sein wird. Mein Körper wird von oben bis unten gescannt. Dabei werden keine weiteren Krebszellen entdeckt, sodass sich die Ärzte auf die Heilung meiner linken Brust beschränken können. Es folgen drei Operationen, die ich alle gut überstehe. Ich mochte meinen Körper immer, doch nach den Operationen ist er lange nicht mehr schön für mich. Aber ich lebe, und dafür bin ich dankbar. Voller Dankbarkeit bin ich auch für die Beratung und die Begleitung durch meine Ärzte während dieser Zeit. Das Vertrauen in sie hat mir viel Kraft und Struktur gegeben.

Das System Körper ist komplex – und in meines hat der Krebs ein Leck geschlagen. Der Kreislauf ist gestört. Aus dem Gleichgewicht. Nur langsam begreife ich, dass die Lösung für das eine Problem das nächste Problem darstellt. Sechs Jahre lang muss ich Tabletten einnehmen, sie bilden die Grundlage für neue Herausforderungen. Aber ich habe ja schon früh beschlossen, jede Herausforderung anzunehmen und daran zu wachsen. Dieser Blick auf die Welt bestimmt mein Leben. Und heute kann ich sagen, dass diese schwere Krankheit mein Leben positiv verändert hat. Ich verschiebe Dinge nicht mehr so weit nach hinten. Und wenn meine Lebensweise tatsächlich Einfluss auf die Entstehung der Krankheit hatte, dann habe ich jetzt auch die Möglichkeit, ihr entgegenzuwirken.

Schneesturm auf der Insel

Unser erster Winter auf der Insel. Viel Land, wenige Menschen, viel Stille. Kurze Tage, lange Nächte. Ich genieße diese Stimmung.

Bei allem, was wir hinter uns haben, was neu ist und noch vor uns liegt, fühlt es sich gerade sehr richtig an, aufzutanken und zur Ruhe zu kommen. Die Natur macht Pause und wir machen mit. Die frische Luft lädt zum Durchatmen ein. Noch nie habe ich den Winter so wahrgenommen und nackte Sträucher und Bäume als so etwas Schönes und Wertvolles empfunden.

Die Insel ist gepudert von Schnee. Es schneit nicht einfach nur, der Schnee bleibt auch liegen und hüllt die Insel in ein neues Kleid. Die Hauptstraßen werden nicht sofort geräumt wie in der Großstadt. Und die kleineren Straßen sind noch abenteuerlicher. Beleuchtung gibt es nur in den Dörfern. Überall sonst ist es stockdunkel.

Vor einem abendlichen Ausflug zu meinem ersten Sprachkurs warnt Guido mich noch, dass ein Schneesturm aufzieht. Ich solle lieber nicht fahren. So schlimm wird es schon nicht sein, denke ich. Doch schon nach wenigen Minuten merke ich, dass ich in den Schneeverwehungen die Orientierung verliere. Die dicken Flocken nehmen mir die Sicht und türmen sich auf der Straße zu kleineren und größeren Schneeverwehungen auf. Ich habe das Gefühl, dass ich nur noch über die Straße glitsche, und habe Respekt davor, stecken zu bleiben. Aber durch das Abendlicht und den wehenden Schnee ist es auch aufregend und abenteuerlich. Es ist ein magischer Moment, den ich so noch nie erlebt habe.

Als ich dann endlich angekommen bin, wird meine Beifahrertür aufgerissen, und ein Mann schreit mich an, der Sprachkurs falle aus und ich solle mich sofort auf den Rückweg begeben. Er würde hinter mir herfahren, für den Fall, dass ich stecken bleibe. Okay, da diskutiere ich nicht lang.

Zu Hause angekommen, lächelt Guido mich an und verkneift sich einen Kommentar.

Winter 2020/2021

Traumberufe

Vor Jahren hat mich Silvia einmal gefragt, welchen Beruf ich mir vorstellen könnte, wenn ich nicht Regisseur geworden wäre. Ich antwortete ziemlich spontan: Landschaftsgärtner oder Meeresbiologe. Schon als Kind mochte ich es, den Rasen zu mähen und hinterher zu sehen, was man geschafft hat. Später war es das Pflanzen von Blumen im Frühling, das Ernten von Kräutern und Tomaten im eigenen Garten. Es beruhigte mich und war für mich immer ein Ausgleich zu der oft stressigen Arbeit als Regisseur.

Geheimnisse des Meeres des französischen Meeresforschers und Dokumentarfilmers Jacques-Yves Cousteau war in der Kindheit eine meiner Lieblingssendungen. Wenn er mit seinem Schiff *Calypso* in See stach, klebte ich förmlich am Fernsehbildschirm. Er und seine Crew gingen für mich auf Entdeckungsreise und befeuerten meine Neugier auf die Welt. Seit ich denken kann, übt das Meer eine besondere Faszination auf mich aus. Ich schwimme gern und habe schon als Teenager einen Tauchschein gemacht. Wobei meine späteren Tauchgänge in Spanien und der Türkei natürlich nie so abenteuerlich waren wie bei Cousteau.

Jetzt lebe ich als Regisseur und Biobauer auf einer Insel in der Ostsee. Mit dem Meer vor Augen kann ich hier neue Geschichten erzählen und unser eigenes Land gestalten. Es fühlt sich an wie ein Kreis, der sich schließt, und ich bin gespannt, was sich daraus entwickelt.

Die Sache mit der Sprache

Das mit dem Dänisch-Lernen habe ich mir einfach vorgestellt. Ganz nach dem Motto: Das läuft so nebenbei, beim Arbeiten, Menschen-Kennenlernen und Kinofilme im Original mit dänischen Untertiteln schauen. Von wegen.

Die Insulaner und die Touristen können oft Englisch oder sogar Deutsch. Wir sind also nicht gezwungen, schnell zu lernen. Das soll sich jetzt ändern. Nachdem ich meinen ersten Sprachkurs wegen der noch anhaltenden Corona-Bestimmungen abgebrochen habe, starte ich nun einen digitalen Sprachkurs und erinnere mich täglich selbst daran, meine Fünfzehn-Minuten-Einheiten zu absolvieren. Auch auf YouTube gibt es viele Videos wie »Dänisch für absolute Anfänger«. Der Vorteil daran ist, dass es zu bestimmten Themenblöcken wie Begrüßung, Persönliches erfragen, Essen, Zeit und Datum Einheiten gibt, die auch in langsamer Aussprache angeboten werden. Denn mein größtes Problem beim Dänischen scheint mir der Unterschied zwischen Schrift und Aussprache. Es wird sehr viel einfach verschluckt. Parallel dazu hat es den Anschein, als würde sich die Zunge beim Sprechen irgendwie verdrehen. Alles findet hinten im Mund statt. Bei den ersten Lerneinheiten muss ich oft lachen, denn Dänisch erinnert mich sehr an die Häschenwitze aus meiner Jugend: »Haddu Möhren?«

Winterarbeit

Der Gemüsegarten sieht im Winter auf den ersten Blick ziemlich trostlos aus. Ich laufe auf den kleinen Wegen zwischen den Beeten herum und versuche mich daran zu erinnern, wie schön und bunt es im Sommer und Herbst ausgesehen hat. Jetzt ist fast alles mausgrau, verwelkt oder liegt ausgerupft als Mulch auf den Beeten, damit die Nährstoffe wieder zurück in den Boden gelangen. Der Tipp stammt von Johannes, der Boden brauche die Winterruhe, um sich zu erholen.

Ich überlege, was wir im Frühjahr anbauen sollen. Der Garten ist eine leere Leinwand, die wir gestalten können, wie wir wollen. Zumindest in der Theorie. Die Natur wird da schon noch ein Wörtchen mitreden.

Silvia liebt frisches Gemüse. In Hamburg war der Einkauf auf dem Wochenmarkt ein festes Ritual. Sie ging zu ihrem Lieblingsgemüsehändler und kaufte regionale und saisonale Produkte. Silvia ist auch eine ausgezeichnete Köchin, vor allem weil sie das Kochen quasi neu lernen musste, als unser Sohn mit neun Jahren beschloss, Vegetarier zu werden. Inzwischen lebt er sogar vegan. Silvia ernährt sich fast immer vegetarisch, und ich esse Fisch und Fleisch nur, wenn wir im Restaurant oder irgendwo zu Besuch sind.

Wenn es gut läuft, kommt unser Gemüse und unser Obst künftig aus dem eigenen Garten. Mit Sicherheit werden wir nicht unseren ganzen Bedarf decken können, aber das ist im ersten Jahr auch nicht unser Anspruch. Vielleicht später mal, wenn wir »Profis« sind. Für den Anfang steht erst mal das Sammeln von Erfahrungen im Vordergrund. Unser Motto lautet: »Wir können nichts falsch machen, weil wir nicht wissen, was wir tun.« Wenn's doch funktioniert, umso besser.

Silvia kommt in den Garten und bringt zwei Scheren mit. Wir müssen die Himbeeren zurückschneiden. »Bodengleich abschneiden«, heißt es in unserem Gartenbuch. Was soll das bedeuten, »bodengleich«? Damit kann doch nur »ganz unten« gemeint sein. Aber das trauen wir uns nicht und lassen ein paar Stummel stehen. »Wird schon klappen«, beruhige ich uns, und nach einer Stunde sind die fünfzehn Meter langen Himbeerspaliere zurechtgestutzt. Fast zwanzig Kilo hat Dorit im vergangenen Jahr geerntet. Das wollen wir auch.

Auf dem Rückweg ins Haus entdeckt Silvia Feldsalat, der wild in einigen Beeten wächst. Vorhin war er mir überhaupt nicht aufgefallen. Jetzt sehe ich ihn überall. Wir pflücken jeder zwei Hände voll und freuen uns auf ein paar zusätzliche Vitamine zum Mittagessen.

Es gibt keine Sicherheit

Corona hat gezeigt, dass wir keine Kontrolle haben. Das Leben ist unsicher, die einzige echte Sicherheit ist die Veränderung. Die Corona-Pandemie verursacht auch im internationalen Sportkalender ein großes Durcheinander. Die für den Sommer 2020 geplanten Olympischen Spiele in Tokio wurden um ein Jahr verschoben. Wir haben mit unserem Filmprojekt *SXULLS* Deutschlands beste Skullruderer während der Selektion für die Olympischen Spiele zwei Jahre filmisch begleitet. Wir besprechen mit der Sportredaktion des ZDF die Situation und kommen überein, gemeinsam in die Verlängerung zu gehen und die Sportler weiter zu begleiten. Die Entscheidung, das Projekt bis in den Sommer hinein zu verlängern, wird ein Spagat für uns: Wie bringen wir unsere alte und unsere neue Welt in Einklang? Außerdem stellt es uns auch finanziell vor eine große Herausforderung. Wir haben keine Redaktion mehr, müssen die Struktur des Projekts anpassen und vieles neu aufsetzen. Das Motto lautet: »Weniger ist mehr.« Die Planung und Organisation des Projekts können wir von überall koordinieren. Auf der Insel ist die Internetverbindung sogar sehr viel stabiler und schneller als in Deutschland. Für die Drehtage planen wir zusätzliche Reisetage ein, da Guidos Lebensmittelpunkt nicht mehr Hamburg ist. Das bedeutet mehr Aufwand für Guido. Die Pandemie bringt auch in der Filmproduktion spezielle Vorsichtsmaßnahmen mit sich. Vor allem, weil wir mit Spitzensportlern in der finalen Phase vor Olympia drehen, da dürfen wir zum Schutz der Sportler absolut kein Gesundheitsrisiko eingehen. Trotz all dieser Hindernisse freue ich mich sehr, dass wir das Projekt zu Ende bringen können. Denn ich bin als Filmproduzentin angetreten, um Sportlern in ihrem Kampf für ihre Träume und Ziele mehr Sichtbarkeit zu verleihen.

Momentum

Während Silvia fast täglich nach dem Aufstehen Yoga macht, gehe ich zurzeit lieber joggen. Vor allem wenn das Wetter gut ist. So hat morgens jeder ein bisschen Zeit für sich. Am liebsten laufe ich der aufgehenden Sonne entgegen, dann auf den Hügel zur Vester Mølle, um den Weitblick zu genießen, und zurück am Vitsø entlang. Auch wenn es die gleiche Runde ist, sieht die Natur jedes Mal anders aus. Kein Tag gleicht dem anderen. Wenn ich an unserem Grundstück angekommen bin, reduziere ich das Tempo und spaziere den restlichen Weg.

Immer noch ist mir unser Land ein bisschen fremd, als wäre ich nur zu Besuch. Bis zu diesem Morgen. Als ich aus dem Wald komme und vom Rand der Pferdekoppel nach oben zum Haus schaue, fühle ich mich zum ersten Mal richtig verbunden mit diesem Ort. Zum ersten Mal nehme ich die Weide bewusst als aufsteigenden Hügel wahr. Als Hang. Von Anfang an habe ich mich gefragt, was wir mit unserem Land machen sollen, wie wir es nutzen und was wir darauf pflanzen könnten. Und vor allem auch, was ich hier auf Ærø für mich selbst machen kann. Was wäre etwas, das mich nicht nur beschäftigt, sondern erfüllt und meinen Traumberuf als Regisseur ersetzt? Etwas, das mir eine neue Identität gibt? In diesem Moment weiß ich es genau. Ohne jeden Zweifel blicke ich gerade auf unseren zukünftigen Weinberg – ich werde Weinbauer.

Sofort gehe ich völlig anders über die Wiese, schaue mich um und stelle mir die langen Spaliere vor, an denen der Wein wachsen wird. Der Sonnenstand bestätigt mir die ideale Lage: Südwesten. Fast den ganzen Tag Sonne. Alles passt perfekt, denke ich bei mir, und es ist, als würden das Land und ich uns umarmen und einen Pakt schließen.

Wir werden Hobbywinzer

Guido kommt zurück vom Joggen und strahlt über das ganze Gesicht. »Ich habe eine Idee«, sagt er. Und wenn er das sagt, bedeutet es meistens Arbeit. Zumindest Denkarbeit im ersten Schritt. Er erzählt von seiner morgendlichen Entdeckung, dass unser Land hangartig verläuft. Er will dort Wein anbauen. Ich bin überhaupt nicht begeistert davon. Wir sind doch gerade erst angekommen, erleben dauernd Neues und haben noch so viel zu lernen. Und da kommt Guido mit Weinanbau um die Ecke. Ich denke, das muss ein Scherz sein. Aber nein, es ist sein voller Ernst. Damit wären wir Pioniere auf der Insel, sagt er und spricht von einer neuen Identität.

Guido beginnt zu recherchieren und füttert mich ständig mit Informationen. Ob ich will oder nicht, der Weinbau wird zum Dauerthema. Schon bald nimmt er Kontakt zu Verwandten in der Pfalz auf. Sie sind Winzer, finden Guidos Idee ganz und gar nicht abwegig und versprechen ihm Unterstützung. Meine Einwände drückt er sanft zur Seite. Ich habe großen Respekt vor der körperlichen Herausforderung und vor dem Anfangen bei Nullkommanichts. Schließlich will er etwas angehen, das eigentlich eine jahrelange Ausbildung erfordert.

Was mir dagegen gefällt, ist seine Begeisterung. Es könnte ihn sehr glücklich machen, das spüre ich. Und das ist auch der wahre Grund, warum ich mich darauf einlasse.

Identität

Mich fasziniert der Gedanke, in eine neue Welt einzutauchen und alles über Wein zu lernen, denn großes Vorwissen habe ich nicht. Ich trinke nicht oft Alkohol. Wenn dann mal ein Bier beim Grillen oder einen Wodka Lemon, wenn richtig gefeiert wird. Wein nur manchmal und nur zum Essen. Trotzdem habe ich zum Wein eine besondere Beziehung, denn ein Teil meiner Verwandtschaft ist seit vielen Generationen Winzer. Und meine Großeltern haben über Jahre hinweg den Wein der »Pfälzer« in Hamburg und Umgebung verkauft. Seit ich denken kann, standen bei Familienfesten die Weine der Winzergenossenschaft Haardt in Neustadt an der Weinstraße auf dem Tisch. Sie hatten komische Namen: Haardter Herrenletten, Gimmeldinger Meerspinne oder Mußbacher Eselshaut. Als Kind habe ich mich dann immer gefragt, ob auf einer Weinstraße auch Autos fahren können, ob eine Meerspinne gefährlich ist, wie es dem Esel wohl ohne seine Haut geht, und wie etwas Flüssiges trocken oder halbtrocken sein kann.

Als meine Großeltern starben, übernahmen meine Eltern den kleinen Weinhandel. Sie hatten viele ältere Stammkunden, und der Verkauf erfolgte ausschließlich auf Bestellung und nur kistenweise. Dadurch kamen auch Silvia und ich in Berührung damit. Denn die Weinlieferungen von der Haardt kamen immer frühmorgens um 5 Uhr. Damit meine Eltern nicht extra aufstehen mussten, haben wir die Lieferungen entgegengenommen und in dem kleinen Schuppen auf unserem Grundstück verstaut. Zu Eselshaut und Meerspinne gesellten sich inzwischen auch Paletten von Chardonnay, Sauvignon Blanc und Grauburgunder. Wir probierten uns durch das gesamte Sortiment und hatten dann häufiger die leckeren Weine der Verwandtschaft auf dem Tisch.

Die Weinfeste in der Pfalz sind großartig. Die Gastfreundschaft überragend. Wenn wir »Hamburger« zu Besuch kommen, wird uns immer das Gefühl gegeben, dass es etwas ganz Besonderes ist. Vor ein paar Jahren freundeten wir uns enger mit Roger und seiner Frau Susanne an. Sie führen seit vielen Jahren den Familienbetrieb, der inzwischen zu einer größeren Weinmanufaktur namens Weinbiet gehört. Susanne und Rogers Schwester Pia statteten uns Gegenbesuche in Hamburg ab und kamen zu unseren Filmpremieren und Familienfesten.

Ich rufe Roger an und frage ihn, ob es eine verrückte Idee ist, in Dänemark Wein anzubauen. Er muss laut lachen und sagt dann: »Ahjooh, bisserl spinnert is scho, aber es macht allemol Spaß!«

Dann wird er sachlich und »babbelt« los, dass es ja aufgrund des Klimawandels sogar in Norwegen schon Weingüter gebe und es bestimmt nicht unmöglich sei. Ich solle mich doch einfach mal umhören. Dann folgt eine Frage auf die nächste: »Wie sind denn die Winter bei euch?«, »Gibt es Spätfröste?«, »Wie sind die Böden?«, »Wie viel Wind habt ihr?« und, und, und … Ich habe natürlich keine einzige Antwort parat und frage ihn, ob er uns im Fall der Fälle mit Ratschlägen zur Seite stehen würde. Mit größter Selbstverständlichkeit antwortet er nur: »Ahjooh«, und gibt mir gleich noch den Kontakt zur Rebschule Freytag in Neustadt an der Weinstraße. Die kennen sich bestens aus und sind für einen absoluten Anfänger wie mich genau die richtigen Ansprechpartner.

Ich denke, es gibt nicht viel zu verlieren und beginne sofort mit der Recherche. Wochenlang schaue ich mir alles an, was es im Internet zu finden gibt. Schnell merke ich, wie umfangreich das nötige Wissen ist. Nicht umsonst gibt es eine Reihe verschiedener Ausbildungen und Studiengänge zum Thema Wein. Aber das alles ist auch richtig spannend. Und ich habe viel Zeit, um zu lernen. Ich hoffe nur, dass Silvia ihre Skepsis ablegt, denn allein werde ich es mit Sicherheit nicht schaffen.

Bella Italia

Ein Dreh für *SXULLS* steht auf dem Programm. Dieses Mal geht es nach Sabaudia in der Nähe von Rom. Coronabedingt bin ich allein unterwegs. Für die olympischen Kaderathleten könnte eine Infektion die Olympiaträume sofort platzen lassen. Um die lange Fahrt einigermaßen zu überstehen, organisiert mir Silvia einen schnellen Mietwagen. Ich packe die Kameratasche, Ton-Equipment und meine Klamotten in das Auto und mache mich auf den Weg. Doch die Fahrt in den Süden wird zur Tortur. Schon kurz hinter Hamburg stehe ich zwei Stunden im Stau. Wenigstens kann ich mir die Zeit sinnvoll vertreiben, indem ich gefühlt zwanzig Podcasts zum Thema Weinbau, Weinherstellung, Weinverköstigung und so weiter anhöre.

Mit der Entscheidung, ob ich überhaupt noch einmal als Regisseur arbeiten soll, habe ich mich sehr schwergetan. Aber die Geschichte, die wir erzählen wollen, ist zu gut, um es nicht zu tun. Seit Oktober 2018 dokumentieren wir die Olympiavorbereitung der deutschen Skullruderer – vom Einer, Doppelzweier und Doppelvierer. In dieser Zeit haben wir sportliche wie private Dramen miterlebt und dokumentiert. Der Star des Teams ist Oliver »Olli« Zeidler, Einer-Weltmeister und Medaillenhoffnung für Tokio. Das Besondere an seiner Geschichte ist, dass er noch bis vor vier Jahren Leistungsschwimmer war und erst im Alter von zwanzig Jahren mit dem Rudersport begonnen hat, trainiert von seinem Vater. Er stammt aus einer Ruderfamilie, sein Großvater war bei den Olympischen Spielen 1972 in München sogar Goldmedaillengewinner. Vor allem wegen Olli wollen wir das Projekt fortführen und noch drei Folgen unserer Doku-Serie für das ZDF produzieren.

Auch die anderen Athleten im Team haben berührende Geschichten, viele haben während der coronabedingten Wettkampfpause sehr gelitten – mental wie körperlich. Nicht so Olli. Es tut gut, ihn zu sehen. Er strotzt wie immer vor Selbstvertrauen, ist fokussiert und macht eine Kampfansage an seine internationale Konkurrenz. Die Aufnahmen am Strand und in der Lagune sind großartig.

Nach vier Tagen »Bella Italia« mache ich mich auf den Rückweg und schaue dabei in der Pfalz vorbei. Dort will ich mit Roger und Susanne noch einmal im Detail besprechen, ob das mit dem dänischen Wein wirklich so eine gute Idee ist. Wie immer werde ich herzlich empfangen. Zum Abendbrot gibt es leckeren Wein, und Roger will wissen, was ich genau vorhabe. Schnell stelle ich fest, wie blauäugig ich an die Sache herangehe. Andererseits wird mir auch klar, dass ich zu diesem Zeitpunkt noch überhaupt nicht viel wissen muss. Das Wichtigste ist erst mal die Vorbereitung des Bodens, denn eine Wiese ist schließlich kein Weinberg. Roger erklärt mir, wie ich vorgehen könnte, und ich mache mir fleißig Notizen. Wir beschließen, dass wir in diesem Jahr zunächst einmal ein »Testfeld« mit verschiedenen Rebsorten anlegen. So können wir erste Erfahrungen sammeln und sehen, welche Sorten sich auf Ærø wohlfühlen und besonders gut wachsen.

FRÜHJAHR 2021

Das Frühjahr ist für uns der Einstieg in das Leben mit der Natur. Es kommt einer Wiederentdeckung unserer Sinne gleich. Die Sonne durchbricht die Wolken und wärmt uns. Die Natur erwacht, und überall auf dem Grundstück poppen uns unbekannte Pflanzen hervor. Bienen surren, Käfer krabbeln, Vögel fliegen umher. Neben einer Vielzahl von Insekten und Amphibien finden Hasen, Rehe und Igel bei uns Nahrung und Unterschlupf. Bekannt ist die Insel aber vor allem für ihre zahlreichen Vogelarten. Unser Lieblingsvogel ist der Seeadler – mit einer Flügelspannweite von bis zu 2,60 Metern. Wir sind beeindruckt und tief berührt, wenn wir einen Seeadler dabei beobachten, wie er seine majestätischen Kreise am Himmel zieht. Ein wahrer König der Lüfte.

Nibbi

Der Gemüsegarten wird eine große Herausforderung für uns werden, da sind Silvia und ich uns sicher. Schon bei der Besichtigung waren wir von der Vielfalt an Beeren, Kräutern, Blumen und vor allem Gemüsesorten begeistert. Aber wir sind auch etwas verschreckt, weil wir weder die Pflanzen noch die Arbeitsabläufe kennen. Nicht einmal im Ansatz. Deshalb telefoniere ich häufig mit Johannes, um nach Rat zu fragen: Was muss ich mit den Himbeeren und den Johannisbeeren machen? Wie setze ich die Erdbeeren um? Wie bereite ich den Boden vor?

Das geht so weit, dass Johannes sich inzwischen nicht mehr mit seinem Namen meldet, sondern mit »telefonische Gartenberatung«. Und er überlegt scherzhaft, ob er mir dafür ein Stundenhonorar in Rechnung stellen sollte. In jedem Fall sind seine Tipps extrem hilfreich und beruhigend. Er ermutigt mich, langsam anzufangen und gar nicht alle Beete zu bepflanzen. Auch um die Obstbäume soll ich mich erst mal nicht kümmern. Das hat Zeit. Er sagt, er sei in manchen Jahren vor April überhaupt nicht im Gemüsegarten gewesen. Jetzt ist es März, und ich scharre mit den Hufen. Ich möchte so früh wie möglich loslegen, damit mir die Arbeit nicht über den Kopf wächst. Überall lese ich, dass die Planung das Wichtigste ist – aber so ganz ohne Plan von irgendwas fällt die Planung schwer.

Heute jedoch ist der große Tag. Der Boden im Gemüsegarten erscheint mir trocken genug, um ihn zu pflügen. Natürlich habe ich tausend unterschiedliche Informationsquellen zu Rate gezogen – und unterschiedliche Meinungen dazu gehört, ob man den Boden überhaupt pflügen sollte. No Dig, Permakultur, Fruchtfolge, Mischkultur, Kompostbeete, Market Gardening und so weiter. Es gibt Unmengen an Konzepten, wie man seinen Gemüsegarten bewirtschaften kann. Einer der wichtigsten Tipps von Johannes ist, dass ich mich mehr als Landwirt denn als Gärtner verstehen sollte. Die Arbeitsabläufe sollen klar und einfach sein. Ich soll mich nicht verrückt machen. Super Ratschläge – die ich natürlich nicht befolge.

Mit dem Kauf des Hauses haben wir auch eine circa dreißig Jahre alte Nibbi erworben. Das ist eine einachsige Landmaschine, die in etwa so groß ist wie ein Tisch. Sie hat einen Neun-PS-Dieselmotor und kann durch verschiedene Anbauten ergänzt werden, um damit Schnee zu schippen, zu mähen, zu grubbern, zu fräsen und natürlich zu pflügen. An dem langen Lenker befinden sich diverse Hebel, Bowdenzüge und Schalter. Bei der Übergabe hat mir Johannes das alles natürlich haarklein erklärt, aber das war vor drei Monaten und das meiste davon habe ich längst wieder vergessen. Man kann sogar einen Anhänger mit Sitz anbauen, dann sieht die Nibbi ein bisschen so aus wie ein Chopper. Andere in meinem Alter kaufen sich eine Harley-Davidson – ich habe eine Nibbi. Großartig.

Vor zwei Tagen habe ich den Pflug mithilfe eines Seilzugs anmontiert und die Starterbatterie aufgeladen. Voller Erwartung schiebe ich die Nibbi nun aus der Scheune und stelle sie auf die Hofeinfahrt. Sie ist unheimlich schwer und unhandlich, ich muss viel Kraft aufwenden, um sie zu bewegen. Ich setze mir Ohrenschützer auf, drehe den Zündschlüssel, und nach ein paar Versuchen springt der Dieselmotor – verbunden mit dem Ausstoß einer großen schwarzen Wolke – tatsächlich an. Ich freue mich wie ein kleines Kind und breche in Jubel aus. Silvia schaut aus dem Küchenfenster und lacht sich schlapp.

Nachdem die Nibbi etwas warmgelaufen ist, fahre ich sie vorsichtig in den Gemüsegarten. Etwa zwei Drittel der Beete möchte ich umpflügen, beginnend neben den Himbeeren am hinteren Ende, um mich dann nach vorne zu arbeiten. Ich bringe den Pflug in Position, lege den Gang ein und lasse die Kupplung kommen. Es fühlt sich ein bisschen wie in der Fahrschule an.

Johannes meinte, die erste Bahn sollte möglichst gerade sein, weil man damit die Grundlage für den Rest der Fläche legt. Klappt natürlich nicht. Der Pflug gräbt sich in den Rasen, der das Beet umgibt und dreht die Nibbi quer. Ich stemme mich mit aller Kraft und meinem ganzen Körpergewicht dagegen, zerre am Lenker, gebe Gas und versuche so, die Richtung vorzugeben. Immer wieder drehen die Räder durch, sodass ich die Maschine anschieben, hochwuchten und wieder in Position bringen muss. Der Schweiß läuft mir herunter, aber nach etwa drei Minuten habe ich das andere Ende des Beetes erreicht. Ich drehe den Pflug um und begutachte meine Schlangenlinie. Gar nicht mal so schlecht, denke ich, aber warum ist es nur so verdammt anstrengend? Davon hat mir Johannes nichts gesagt.

Mit jeder Bahn schaffe ich es, einen circa zwanzig bis dreißig Zentimeter breiten Streifen umzupflügen. Dabei probiere ich verschiedene Techniken und Geschwindigkeiten aus, aber egal was ich tue, es ist und bleibt unfassbar anstrengend. Mir kommt es so vor, als würde ich die Maschine mitsamt des Pflugs durch den Garten schieben. Von den neun Pferdestärken spüre ich jedenfalls nichts. Nach der dritten Bahn bin ich völlig erledigt und muss über mich selbst lachen. Ich mache ein Video und ein paar Selfies und stelle sie in unsere WhatsApp-Familiengruppe. Nach zwei Stunden habe ich erst rund ein Drittel der Fläche geschafft, dafür aber einige alte Möhren und viele Kartoffeln zutage gefördert. Ich beschließe, es für heute gut sein zu lassen. Vielleicht sollte ich besser doch noch mal die Gebrauchsanweisung lesen und mir ein paar YouTube-Videos ansehen.

In der Übergabezeit hat Johannes oft von Gründruck im Frühjahr gesprochen. Wie bitte, das Grün drückt?

Nach den langen dunklen Nächten kann ich es kaum erwarten, mehr Zeit draußen zu verbringen. Wir kennen nun die besten Pflanzenbestimmungs-Apps. Was bist du? Was wird aus dir? Kann ich dich essen? Es gibt viel zu entdecken. Ich bin aufgeregt, verspüre aber auch Unsicherheit und Respekt, ob ich dem gewachsen bin. Alles kommt mir unordentlich vor. Überall liegen Haufen von Ästen und Baumresten im Gebüsch, die ich entfernen möchte. Und wieso haben wir so viele Brennnesseln? Ich bin ein paar Tage allein auf dem Hof und bekomme vor lauter Überforderung Herzrasen. Wo soll ich nur anfangen? Alles ist grün und schreit nach mir. So kommt es mir vor. Ich sehe kein Ende und lerne schnell, dass es das auch nie geben wird. Johannes erklärt uns, dass jeder Haufen seinen Sinn hat und den unterschiedlichsten Tieren einen Lebensraum bietet. »Vild med vilje« – wild mit Absicht ist das Motto.

Mit dem neuen Interesse an der Natur verändern sich auch meine Sinne. Sie erweitern sich, werden geschärft. Alles duftet, alles sorgt für je eigene Geräusche. In der Stadt hat mich schon eine einzelne Wespe in meiner Nähe verrückt gemacht. Hier stelle ich fest, dass das Summen der Bienen und Wespen mich beruhigt. Es ist die Natur, die mich mittlerweile ganz anders inspiriert. Unmittelbarer. In der Stadt war Regen für mich ein Übel, hier freue ich mich darüber, weil ich weiß, wie wichtig er für die Natur ist. Ich verändere meine Perspektive. Ich sehe die Natur und verstehe sie Stück für Stück mehr. Die vergängliche Natur des Lebens.

Frühjahr 2021

Bodenprobe

Ich habe das Gefühl, Silvia freundet sich langsam mit dem Gedanken an, auf unserem Land Wein anzubauen. Gemeinsam haben wir entschieden, dass wir den Test-Weinberg an einem unserer Lieblingsplätze anlegen wollen – dort, wo wir mit unserer Maklerin am allerersten Tag saßen und uns in das Grundstück verliebt haben. Dieser Ort ist so schön, dass wir ihn mit möglichst vielen Menschen teilen wollen, das ist unser Gedanke. Silvia hat Stift, Schreibblock und Handy dabei und ich eine Schubkarre mit Holzpfosten, Schnüren, Maßband und Spaten. Vor ein paar Tagen haben wir einen Onlineworkshop mit Sonja gemacht, einer Expertin für Bio-Weinbau. Sie hat uns ein paar Aufgaben mit auf den Weg gegeben, neben dem Vermessen der Fläche sollen wir an verschiedenen Stellen Bodenproben nehmen und Tests durchführen. Die Ergebnisse geben dann Aufschluss über die Bodenstruktur und darüber, welche Nährstoffe im Boden sind und was eventuell hinzugefügt werden muss. Vorher sollen wir aber noch Zeigerpflanzen finden, die auch schon etwas über das Nährstoffangebot, die Feuchtigkeit und so weiter verraten. Doch Silvia und ich sehen nur Gras. Und Löwenzahn. Silvia hat eine Pflanzenbestimmungs-App auf ihrem Handy und macht ein Bild. Der Gewöhnliche Löwenzahn mag schwere, stickstoffreiche Böden, erfahren wir. Und als wir jetzt genauer hinschauen, entdecken wir plötzlich unzählige weitere Pflanzen, darunter Spitzwegerich, Krause Distel und Beifuß. Silvia fotografiert und notiert alles auf einer Liste.

Danach ist die Bodenprobe dran. Ich setze den Spaten an – und es passiert nichts. Der Boden ist steinhart und knochentrocken. Ich stelle mich sogar mit beiden Füßen und meinen ganzen neunzig Kilo darauf, aber der Boden ist wie Beton. Es hat zwar seit ein paar Tagen nicht geregnet, aber das überrascht uns dann doch.

Der wahrscheinliche Grund: Jahrelang haben hier Pferde gegrast und mit ihrem Gewicht den Boden stark verdichtet.

Mit viel Mühe bekomme ich schließlich doch noch ein Loch von ungefähr doppelter Spatenbreite und vierzig Zentimeter Tiefe hin, sodass wir die Struktur des Bodens erkennen können. An der Oberfläche sieht er ein bisschen wie getrockneter Lehm aus, darunter ist er feuchter und etwas lockerer. Außer einem Regenwurm finden wir keine Lebewesen. Wir schicken die Probe zur Analyse in ein Labor und befürchten schon, dass der Boden für unsere Pläne ungeeignet ist. Das wäre für mich eine riesige Enttäuschung.

Nibbi, die Zweite

Die Nibbi ist wieder am Start. Zwei Drittel des Gemüsegartens müssen noch gepflügt werden. Und ich habe eine Idee, woran es gelegen haben könnte, dass es so anstrengend war. Ich habe einen Hebel komplett vergessen. Und zwar den, mit dem man das Differenzialgetriebe aktiviert. Wenn man diesen Hebel nach vorne schiebt, drehen sich die beiden Räder der Nibbi immer exakt gleich. Ungefähr so wie ein Allradantrieb beim Geländewagen, da kann man das auch zuschalten, wenn man stecken bleibt.

Hoch motiviert fahre ich die Nibbi in den Gemüsegarten und richte sie so aus, dass ich eine gerade Linie fahren kann. Dann aktiviere ich mit dem Hebel die Differenzialsperre und – yeaaahhh, es klappt! Ich feiere mich selbst. Auch ohne viel Gas zu geben, zieht die Nibbi nun eine ziemlich gerade Linie. Plötzlich geht alles viel leichter, schon nach knapp einer Minute ist die erste Bahn geschafft.

Doch dann passiert es. Ich versuche, die Nibbi zu wenden, aber es tut sich nichts. Gar nichts. Obwohl ich wie wild am Lenker reiße, fährt sie stur geradeaus in die Dornenhecke. Wieder einmal muss ich über mich selbst lachen. Denn es ist doch vollkommen logisch:

Mit Differenzial kann man schlecht Kurven fahren. Hätte man wissen können. Also Hebel wieder zurück. Nibbi drehen. Pflugposition finden. Hebel nach vorne, und weiter geht's. Mit jeder Bahn gelingt es mir besser, alles aufeinander abzustimmen, und die Spuren werden immer gerader. Der Schweiß fließt trotzdem.

❀ Wir werden Gastgeber

Wir haben zwei schöne, separate Ferienwohnungen auf unserem Biohof. Die Idee, die Wohnungen zu vermieten, hat mir von Anfang an gefallen. Aber auch bei diesem Thema sind wir Anfänger. Was für Menschen kommen wohl zu uns? Wie erhalten wir trotz der unmittelbaren Nähe unsere Privatsphäre aufrecht? Was bedeutet es, kontinuierlich Gastgeber zu sein? Wie viel Zeit wird das beanspruchen?

Wie bei vielen der neuen Aufgaben übernehmen wir erst einmal das Know-how von Dorit und Johannes. Mit zwei Ausnahmen: Guido bastelt uns gleich zum Start eine neue Website für den Biohof, und ich beschließe, die Ferienwohnungen im ersten Jahr selbst zu reinigen. Ich möchte jede Ecke des Hauses kennenlernen und sehen, in welchem Zustand die Gäste unsere Wohnungen hinterlassen. Nur auf die Fenster verzichte ich. Wir haben so viele davon. Dänische Fenster, Sprossenfenster. Da übernehme ich gern Dorits Kontakt zu einem Fensterputzer. Er heißt Jonny, lebt auf der Insel und reinigt alles in zwei Stunden. Ich würde dafür zwei Tage brauchen.

Johannes übergibt uns für unsere erste Sommersaison schon ein paar Voranmeldungen von Gästen. Über die neue Website kommen hoffentlich noch ein paar dazu. Wir sind sehr gespannt.

Apfelmann

Vor ein paar Tagen haben wir von unseren Nachbarn unsere erste Einladung erhalten. Rüdiger und Annette sind Künstler und veranstalten ein Oster-Picknick. Jeder soll gute Laune und etwas zu essen und zu trinken mitbringen. Silvia bereitet einen großen, bunten Frühlingssalat zu, und ich packe ein paar Flaschen Pfälzer Wein ein.

Bei schönstem Sonnenschein gehen wir die 300 Meter, die unsere Häuser trennen, zu Fuß und werden herzlich empfangen. Annette ist Dänin, Rüdiger Deutscher. Sie sind etwas älter als wir und leben schon seit ein paar Jahren auf Ærø. Wir stellen unsere Mitbringsel auf die lange Tafel. Das Essen sieht lecker aus. Salater, Smørrebrød, Frikadeller und vieles mehr. Insgesamt sind zwölf Gäste da, und obwohl wir kein Dänisch sprechen, werden wir sofort integriert. Die Kommunikation wechselt zwischen Dänisch, Englisch, Deutsch, Händen und Füßen. Wir lernen Linda und ihren Mann Mads kennen. Sie ist Kindergärtnerin auf einer Nachbarinsel, er ist Pädagoge. Zurzeit gilt seine Leidenschaft aber dem Seetang, aus dem er verschiedene Lebensmittel herstellt. Wir probieren Bier mit Seetang und Kimchi mit Seetang. Schmeckt sehr interessant. Vielleicht machen wir später mal zusammen Wein mit Seetang, scherzen wir.

Nach dem Essen wird gesungen. Ingolf – auch ein Nachbar – hat seine Gitarre dabei und ist ein wandelndes Musiklexikon. Wir bekommen ein Blatt Papier mit den dänischen Liedtexten in die Hand gedrückt, und los geht's. Mein Lieblingslied ist *Æblemand* (Apfelmann), ein Kinderlied mit sehr, sehr vielen Strophen. Wir verstehen kein Wort, aber die Melodie und der Refrain sind sehr eingängig.

Nach dem Singen wird gespielt. Die Töchter von Mads und Linda übernehmen die Organisation. Es gibt eine Laufstaffel, bei der wir dänische Begriffe erraten müssen, und wir spielen Wikingerschach, bei dem man die Holzfiguren der gegnerischen Mannschaft umwerfen muss. Das kindliche Singen und Spielen machen großen Spaß und schaffen eine ungewohnte Leichtigkeit. Die Freude wird noch größer, als auf einmal am Himmel ein Seeadler auftaucht. Erst kreist er in großer Höhe und ist für mich kaum als Adler identifizierbar, aber dann kommt er auf der Suche nach Beute immer weiter herunter. Rüdiger erzählt, dass ein Seeadler schon einmal versucht hat, eines seiner Lämmer zu stehlen, und erst in letzter Sekunde von seinem Hund verjagt werden konnte. Heute muss sich der Seeadler mit einigen Möwen rumplagen, die sich ihm in der Luft mutig entgegenstellen. Wahrscheinlich, um ihre Nester am Vitsø zu verteidigen, vermutet Ingolf. Die Möwen sehen in Relation zum Adler winzig aus, aber sie haben Erfolg und vertreiben den König der Lüfte.

Zum Abschluss entzünden wir alle zusammen ein großes Osterfeuer, auf dem wir in Bratpfannen mit besenstiellangen Griffen Pfannkuchen backen. Am frühen Abend verabschieden wir uns und laden Rüdiger und Annette zum Gegenbesuch bei uns ein. Für mich ist es ein besonderes Osterfest gewesen, denn jetzt wissen wir, wer in unserem direkten Umfeld lebt. Ich denke, wir haben es gut erwischt.

Die Fähre

Die Elektrofähre *Ellen* verbindet Søby auf Ærø mit Fynshav eine Hafenstadt an der Ostküste der dänischen Insel Als. Als *Ellen* 2019 in den Dienst gestellt wurde, war sie die größte Elektrofähre der Welt. Sie ist die Verbindung zwischen meinen Welten. Ich liebe beide Richtungen. Von der Insel nach Hamburg zu fahren, bedeutet Vorfreude auf Menschen, die mir nahestehen. Familie, Freunde, Menschen, die zu meinem beruflichen Umfeld gehören. Hamburg ist bunter und jünger als Ærø. Kultur und Leben. Tolles Essen.

Freie Auswahl. Als Kind habe ich mir sie immer auf dem Dom als Gewinn gewünscht, als Erwachsene habe ich sie gelebt. Ob ich es vermisse, werde ich noch herausfinden. Auf der anderen Seite ist die Stadt laut, es ist nie ganz still. Viele Menschen auf wenig Raum. Die Straßen sind voller Autos, es gibt nur wenige Bäume, und wieso hört man eigentlich keine Vögel? Vorher ist mir das nicht aufgefallen, weil ich keinen Vergleich hatte. Die Fahrt von der Stadt zurück auf die Insel ist getragen von meiner Sehnsucht nach Natur, Stille und dem neuen Rhythmus.

Rebenkurier

Nicht Hamburg und die Familie, sondern die Pfalz und der Wein sind in den vergangenen Wochen für mich der Hauptgrund gewesen, nach Deutschland zu fahren. Ich bin etwas aufgeregt, denn ich habe in der Rebschule Freytag unsere Reben bestellt, und an diesem Wochenende hole ich sie ab. Ich übernachte wieder in dem wunderschönen Haus von Roger und Susanne, das oben auf der Haardt steht und von dem aus man die Weinberge überblickt. Endlose Weinberge. Allein sie bewirtschaften dreißig Hektar Land.

Sie nehmen sich Zeit für mich, obwohl sie viel Arbeit auf dem Programm haben. Das fällt umso mehr auf, weil alles, was sie machen, immer extrem schnell geht. Egal ob im Weinberg oder privat. Es wird nicht erst lange gefackelt, dafür ist keine Zeit. Alles scheint perfekt eingespielt. So sind Roger und sein Sohn Jan (25), der auch im Betrieb arbeitet, etwa bei der Freiwilligen Feuerwehr, was ich dadurch erfahre, dass ein Alarm eingeht und die beiden innerhalb von dreißig Sekunden auf ihren Motorrädern vom Hof fahren. Ich sitze völlig verdutzt am Tisch und frage Susanne, was los sei. Sie sagt nur lässig: »Ein Einsatz, das ist normal.«

Am nächsten Morgen helfe ich ein bisschen im Weinberg und fahre zum ersten Mal in meinem Leben Schlepper, wie sie hier Traktoren nennen. Dabei zeigen mir Roger und Jan die Junganlagen, einjährige und zweijährige Reben. Sie erklären mir, wie eine Rebe eingepflanzt wird, wie ein Spalier aufgebaut ist, und noch vieles mehr. Auch in der Winzergenossenschaft Weinbiet schauen wir vorbei. Roger hat dort den Vorsitz inne, und ich lerne Bastian kennen, den Geschäftsführer. Das Weinbiet ist ein Verbund von vielen großen und kleinen Weinbauern, die zusammen mehrere Millionen Liter Wein pro Jahr produzieren. Ich komme mir ein bisschen lächerlich vor mit unserem Projekt und bin gleichzeitig dankbar, dass ich ernst genommen werde. Überhaupt treffe ich keinen Menschen, der gestresst oder arrogant wirkt.

Am nächsten Tag fahre ich mit Roger zu Volker Freytag. Seine Rebschule verkauft mehr als eine Million Reben im Jahr. Wir brauchen nur 120. Auch Volker nimmt sich viel Zeit und klärt mich über PIWIs auf. PIWI ist die Abkürzung für »pilzwiderstandsfähig« und wird als Oberbegriff für eine Reihe von neuen Rebsorten verwendet, die durch Züchtung besonders resistent gegen typische Rebkrankheiten wie echter und falscher Mehltau sind. Silvia und ich wollen Öko-Weinbau betreiben – ohne genau zu wissen, was das ist. Was wir aber wissen, ist, dass wir auf keinen Fall Pestizide auf unserem Grundstück haben wollen. Im konventionellen Weinbau wird leider sehr viel gespritzt. Deshalb scheiden vertraute Rebsorten wie Riesling und Sauvignon Blanc für uns aus. Stattdessen landen Solaris, Cabaret Noir, Calardis Blanc, Pinotin, Muscaris und andere in meinem Auto. Insgesamt zwanzig verschiedene Sorten.

Nach dem Mittagessen nimmt mich Susanne mit zu Steffen, einem Bekannten von ihr, der biodynamischen Weinbau betreibt und damit sehr erfolgreich ist. Schon sein Hof ist mir sympathisch. Unter einer weinberankten Pergola nehmen wir Platz, und er erzählt von der langen Geschichte des Weinbaus. Bereits vor

8000 Jahren wurde am Rande des Kaukasus – im heutigen Georgien – in Amphoren Wein hergestellt, sagt er und zeigt mir einen Metalldeckel neben der Terrasse. Darunter ist eine Tonamphore mit 500 Litern Wein eingegraben. Von dieser Produktionsweise habe ich noch nie gehört, und neugierig lausche ich seinen spannenden Geschichten.

Dann öffnet er einen Sauvignon Gris, einen PIWI-Wein, den er zusammen mit Freunden gemacht hat. Er stammt zur Hälfte aus der Amphore, zur Hälfte aus einem Stahltank, hat eine leicht trübe, goldgelbe Farbe – und schmeckt hervorragend, ungewöhnlich und intensiv. So einen Wein habe ich noch nie zuvor getrunken. Ich kaufe eine Kiste davon, um das Erlebnis später mit Silvia und Freunden teilen zu können.

Ich habe das Gefühl, Steffen weiß, was er tut. Er ist im positiven Sinne ein Verrückter. Und er bestärkt mich in unserem Vorhaben: »Alles, was du machst, ist Teil der Geschichte«, sagt er. Und wenn wir etwas können, dann Geschichten erzählen.

Im Belagerungszustand

Wir brauchen dringend helfende Hände und fragen unseren Sohn Elliot, was er von der Idee hält, einige seiner Kommilitonen zu fragen, ob sie Interesse haben, für eine gewisse Zeit zu uns auf den Hof zu kommen. Vier bis sechs Stunden Arbeit am Tag gegen Unterkunft und Essen. Elliot liebt unseren Hof und ihm gefällt der Gedanke, hier gemeinsam mit seinen Freunden Zeit zu verbringen. Er hört sich um, wer Lust hat. Und das haben alle. Die Corona-Pandemie will einfach nicht abklingen, und alle wollen raus. Den Ort wechseln. Mit Menschen zusammen sein. Mit Elliot und seiner Freundin Thea kommen insgesamt elf junge Menschen zu uns. 22 helfende Hände – die können wir gut gebrauchen. Wir sind begeistert. Gleichzeitig mache ich mir aber auch Gedanken: Ich kann doch nicht jeden Tag für eine komplette Fußballmannschaft kochen. Wo sollen die alle schlafen? Was, wenn ich die alle doof finde? Ich schiebe diese Sorgen erst einmal beiseite und beruhige mich damit, dass Menschen, die mit Elliot und Thea befreundet sind, bestimmt nette Menschen sind.

Wir schreiben die Einladungen für die Studierenden und treffen Vorkehrungen, um unsere Pläne unter den gegebenen Corona-Beschränkungen umsetzen zu können. Genug Schlafplätze haben wir, es werden halt auf einmal überall Menschen sein, die alle unterschiedliche Bedürfnisse und Erwartungen haben. Unseren Esstisch erweitern wir mit einem Biertisch zu einem T. Das wird der Ort sein, an dem wir nicht nur gemeinsam essen, sondern auch unsere heißesten Diskussionen führen werden. Das mit dem Kochen ist auch schnell geklärt: Es gibt täglich wechselnde Zweier- oder Dreierteams, die sich um das Essen kümmern. Zweieinhalb Kilo Nudeln sind plötzlich der neue Standard. Die Gerichte werden aber auch kontinuierlich fantasievoller. Ein Team veranstaltet etwa eine Pesto-Challenge. Sie stellen Basilikum-, Brennnessel- und Löwenzahn-Pesto her, und jeder kann das Essen kosten, ohne zu wissen, was es nun ist.

Ansonsten müssen wir uns erst einmal an die Gegebenheiten der Studierenden gewöhnen. In der Theorie hat Guido sich den Tagesablauf wie einen Drehplan vorgestellt: um 8 Uhr ein schnelles Frühstück, danach wird gearbeitet, bis man nicht mehr kann. Die Realität sieht anders aus. Jeder der Studierenden hat einen eigenen Stundenplan und unterschiedliche Verfügbarkeiten. Ich selbst starte den Tag mit ein paar der Studierenden mit Yoga, bevor wir dann bei dem meist gemeinsamen Frühstück den Tag planen. Wir teilen uns in Gruppen auf und übernehmen verschiedene Aufgaben. Dafür liegen Arbeitszettel in einer Kiste, aus der man sich bedienen kann. Das Spannende ist ja, dass wir uns unglaublich viel neues Wissen aneignen wollen und müssen. Also wird recherchiert, wie man einen Kompost anlegt und welches Gemüse neben anderen Sorten wächst. Es wird Holz gehackt, Rasen gemäht, Wege werden angelegt, Gartenmöbel aufgebaut und die Anzucht wird auf den Weg gebracht. Elliot, Daniel, Stefan und Simon übernehmen die körperlich schweren Arbeiten.

Ungewohnt für uns: Über alles wird diskutiert und abgestimmt. Wenn man einen zu langen Redeanteil hat, fangen die Studierenden an, mit den Fingern einen Kreis in die Luft zu malen. Was das bedeuten soll, wollen wir wissen. »Komm zum Punkt!« Aber es wird auch viel gelacht, vor allem während der Kochstunden. Wir hören dabei Musik und reden übers Leben. Ich liebe es, mehr über diese jungen Menschen zu erfahren. Es sind alles Menschen, die meinem Sohn und Thea viel bedeuten, und ich möchte verstehen, warum. Es gibt nicht wenige Situationen, an die ich mich mein ganzes Leben erinnern werde. Etwa wie Nelly, die soziale Arbeit studiert, innehält, mit den Tränen kämpft und sagt, dass das seit Jahren einer der schönsten Momente in ihrem Leben sei. Sie habe ihr Studium in Hamburg gerade erst begonnen, sie sei einsam, und die Pandemie habe sie noch viel einsamer gemacht. Sie ist auch diejenige, die sich später beim Abschied von der Insel dafür bedankt, dass wir ihr mit unserer Art zu leben, Mut gemacht und eine neue Perspektive aufgezeigt haben.

Natürlich gibt es während dieser Zeit auch Momente, in denen ich mich nach Ruhe und Stille sehne. Manchmal sind es mir einfach zu viele Menschen. Sie sind überall. Sogar stundenlang in unserer Waschküche, weil dort die Internetverbindung am besten ist. Und Sophie möchte für ihr Zoom-Vorstellungsgespräch bei einer Firma unser Wohn-Schlafzimmer nutzen, weil sie dort am ungestörtesten ist.

Ich lerne viel in diesen vier Wochen. Über meinen Sohn, der seine Peergroup zu uns bringt und versucht, zwischen den Welten zu vermitteln. Er möchte, dass es allen gut geht. Über Guido, der sich schwertut mit dem Loslassen von eigenen Erwartungen. Über die Beziehung von Elliot und Guido und das Zulassen von wichtigen Abnabelungsprozessen. Über mich, indem ich merke, dass ich meinen Sohn noch immer beschützen möchte. Daran muss ich arbeiten.

Ich bin sehr dankbar für diese besondere Erfahrung. Und ich weiß, dass ich mich an diese Zeit immer erinnern werde.

Fremdeinwirkung

Silvia hat, was Elliot angeht, einen wahnsinnigen Beschützerinstinkt. Das ist schon so, seit er klein war. Vielleicht liegt es daran, dass ich ihm einmal versehentlich das Bein gebrochen habe, als er drei Jahre alt war. Wir haben barfuß Fußball gespielt, als ich auf dem nassen Rasen ausgerutscht und mit der Hüfte auf seinem »kleinen Schienbeinchen« gelandet bin. Silvia verfügt über viele verschiedene Aggregatzustände, und in dem Moment war sie eine Mixtur aus liebender Mutter (Elliot gegenüber) und blutrünstiger Löwin (mir gegenüber). Zum Glück sind wir alle unbeschadet daraus hervorgegangen, und heute ist Elliot eine imposante Erscheinung. Er ist fast zwei Meter groß, hat zwei gesunde Beine und einen sehr schlauen Kopf.

Silvia und ich sind auf die Idee gekommen, ihn und ein paar seiner Freunde einzuladen, um einige Wochen gemeinsam auf dem Hof zu arbeiten. Kost und Logis gegen einen halben Tag Arbeit. Elliot findet die Idee gut, und das Interesse bei seinen Freunden ist groß. Elliot und Thea kennen den Hof fast genauso gut wie wir und sie bringen auch schon Erfahrung mit, von ihrem Gemüseanbau in Heidelberg. Die Liste der Aufgaben, die erledigt werden müssen, ist lang: Gemüsegarten vorbereiten, Gemüseanzucht, Feuerholz hacken, Hecken schneiden, Kompost aufsetzen, Unkraut jäten, Zäune reparieren und … Ich bereite alles vor und erstelle einen groben Ablaufplan.

Doch es kommt anders als gedacht. Ich hole Elliot, Thea und einige ihrer Freunde in Hamburg ab. Ein paar Tage später kommt der Rest mit der Fähre an. Nachdem alle einen Schlafplatz gefunden und einen Spaziergang über das Grundstück gemacht haben, halten wir eine erste Besprechung ab. Ich möchte die Gelegenheit nutzen, um ihnen die verschiedenen Projekte vorzustellen, von denen ich mir wünsche, dass sie in Angriff genommen werden. Dafür habe ich Zettel mit den jeweiligen Aufgaben an eine Pappwand gepinnt. Manche haben eine höhere Priorität als andere, und ich sage auch klar, dass wir wahrscheinlich nicht alles schaffen werden. Elliot schlägt vor, dass jeder kurz seine Erwartungen an die vor uns liegende Zeit formulieren soll. Fazit: Alle freuen sich sehr darüber, hier zu sein, müssen allerdings nebenher auch studieren oder online arbeiten. Manche nur ein paar Stunden, andere fast den ganzen Tag, und das zu sehr unterschiedlichen Zeiten. Meine Idee war eigentlich, dass wir von 8 bis 12 Uhr gemeinsam arbeiten, und danach jeder sein Ding macht, wodurch die Studierenden genug Zeit hätten, die Insel zu entdecken und sich um ihr Studium zu kümmern. Auch Silvia und ich hätten so Zeit für uns und unsere Projekte. Da aber alle einen anderen Tagesplan haben, schlage ich vor, zwei Arbeitsblöcke anzubieten: einen von 8 bis 12 Uhr und einen von 13 bis 17 Uhr. So kann jeder sich einer Gruppe oder einem Projekt anschließen oder flexibel dazukommen. Stille. Meine Idee scheint doof zu sein. Elliot durchschaut die Situation sofort und versucht zu vermitteln. Man könne ja mal besprechen, ob es auch andere Möglichkeiten gäbe. Ich verstehe nicht, was das Problem ist, und fühle mich wie ein Ballon, aus dem die Luft herausgelassen wird. Silvia unternimmt einen Rettungsversuch und sagt: »Das ist doch super!« Sie kann sich viel besser auf Menschen einlassen als ich.

Wir essen zu Abend, und danach spreche ich mit Silvia. Sie sieht das Ganze positiv und freut sich auf die Zeit mit den jungen Menschen. Ich dagegen habe die Sorge, dass die Unterstützung um einiges geringer ausfallen wird als erhofft und vieles am Ende liegen bleiben wird. Und tatsächlich sind die nächsten Tage ein Krampf für mich. Eine organisierte, effektive Arbeit, wie ich sie mir vorgestellt habe, kommt nicht zustande. Die Studierenden versuchen, eine Organisationsform zu finden, die jedem gerecht wird. Meine Wünsche hingegen werden größtenteils ignoriert. Langsam sickert bei mir ins Gehirn, dass hier niemand einen Chef oder eine Ansage haben will. Das brauche ich auch nicht, aber die Projekte sind ja nun mal da und erledigen sich nicht von allein. Am dritten Tag haben die Studierenden die Idee, eine Kiste aufzustellen, in die für jedes Projekt ein Zettel kommt. Darauf steht eine kurze Beschreibung der Aufgabe, der geschätzte Arbeitsaufwand in Stunden und wie viele Personen dafür benötigt werden. Wer Lust auf ein Projekt hat, nimmt sich den Zettel und sucht sich ein paar Leute, die mithelfen wollen. Alle finden die Idee gut. Ich frage mich, wo der Unterschied zu der Pappwand sein soll, die ich ihnen zu Anfang präsentiert habe.

Immerhin geht es in den nächsten Tagen voran. Manchmal zügig, manchmal langsam, manches bleibt auch liegen. Jeden Abend beim Essen wird eine Feedbackrunde mit begrenzter Redezeit abgehalten. Ich lobe die Gruppe, will aber auch konstruktive Kritik loswerden. Doch immer wieder wird mir unmissverständlich mitgeteilt, dass meine Redezeit jetzt vorbei sei. In mir brodelt es gewaltig. Ich fühle mich fremd im eigenen Haus und verliere die Lust, Teil dieses Experiments zu sein, etwas anzuregen oder meine Meinung zu sagen.

Es gibt aber auch schöne Entwicklungen. An einem Tag arbeiten alle zusammen im Gemüsegarten und haben Spaß. Elliot, Daniel und einige andere befestigen den Weg zum Vitsø mit Holzpfählen und großen Steinen. Das hätte ich allein niemals geschafft.

Dann wieder rupft eine Studentin statt des Unkrauts die ganze Anzucht aus einem Beet. Ich schwanke also ständig zwischen Freude, Resignation, Wut und Selbstmitleid.

Der letzte Abend versöhnt mich schließlich mit vielem. Elliot sitzt mit seinen Freunden draußen am Lagerfeuer, und ich bin erleichtert, dass die Zeit vorbei ist und die Schwingungen im Haus wieder ruhiger werden. Ich bin unentschlossen, ob ich nach draußen gehen soll, nehme dann aber doch ein paar Flaschen Bier aus der Vorratskammer und setze mich zu ihnen. Die Studierenden freuen sich, mich zu sehen – oder über das Bier. Plötzlich fängt Stefan an zu erzählen, wie gut es ihm hier gefallen hat. Dann Nelly, dann die anderen. Jeder von ihnen hat etwas Positives aus der Zeit auf dem Hof mitgenommen. Ihre Worte tun gut. Ich sage, was ich schön fand und was gut gelaufen ist. Und dass ich es bedauere, zu viele Erwartungen gehabt zu haben. Ich bin sehr froh, noch rausgegangen zu sein. Es sind gute Gespräche dort am Lagerfeuer, und ich habe das Gefühl, dass sie allen gut tun. Auch Elliot – und das ist für mich das Wichtigste. Viel wichtiger als die Arbeit auf dem Grundstück.

Til hat viele Häuser

Es gibt eine Hauptstraße, die unsere Seite, den Westen, mit dem Osten verbindet. Es ist eine Straße ohne wirkliche Hindernisse. Allein die vielen Traktoren können dafür sorgen, dass man die Geschwindigkeit drosseln muss. Oder richtig alte Menschen, die hier noch alle ihre Autos nutzen und plötzlich aus ihren Ausfahrten gerutscht kommen.

Bei der ersten Fahrt in den Osten, nach Ommel und Marstal, stockte mir der Atem, weil es eine unglaublich schöne Strecke ist. Parallel zum Meer. Überhaupt ist das Wunderbarste an einer Insel, dass es sich um ein Stück Land handelt, das umgeben ist von Wasser und nicht von Idioten. Daran denke ich nicht täglich, aber immer, wenn ich unterwegs bin, merke ich, wie sich ein Grinsen auf meinem Gesicht ausbreitet. Einfach so aus tief empfundener Freude.

Bei unserem ersten Aufenthalt auf der Insel fiel mir auf, dass an den Straßenrändern viele Schilder mit der Aufschrift »Til salg« (zum Verkauf) stehen. Davon bekam ich ein mulmiges Gefühl. Kann das ein gutes Zeichen sein? Wir denken darüber nach, hier zu leben, und überall werden wir ans Weggehen erinnert. An Menschen, die diese Insel verlassen. Ich behielt diese Gedanken für mich, weil ich nur Gründe sammeln wollte, die *für* die Insel sprechen. Ich recherchierte und stellte fest, dass 140 Immobilien auf dem Markt angeboten werden. Hamburg hat 1,8 Millionen Einwohner, und ich dachte nie darüber nach, wie viele Häuser und Wohnungen ihren Besitzer wechseln. Weil ich es nicht sehen konnte.

Während die Studierenden bei uns sind, unternehme ich mit einigen von ihnen Fahrten über die Insel. Nellys Kommentar zu den Verkaufsschildern: »Mensch, der Til Salg hat aber viele Häuser.« Es ist halt alles eine Sache der Perspektive.

Überraschungsbesuche

Ab und zu kommen Johannes und Dorit spontan bei uns vorbei. Meistens ist es Dorit, die plötzlich vor der Tür oder im Gemüsegarten steht. Mir macht das nichts aus. Ich mag Dorit, und vieles von dem, was wir hier haben, existiert nur, weil Johannes und sie es angepflanzt haben. Statt mich über ihren unangekündigten Besuch zu wundern, löchere ich Dorit mit Fragen, die in den vergangenen Wochen bei der Gartenarbeit aufgetaucht sind. Und das sind so einige.

Dorit flaniert durch die Beete, und ich renne ihr hinterher. Ich zeige ihr stolz unsere ersten zarten Gemüsepflanzen. Möhren, Radieschen, Mangold – es ist schon ein bisschen zu erahnen, was wir ausgesät haben. Und zum Glück hat Thea kleine Schilder in den Beeten angebracht. Hin und wieder rupft Dorit etwas heraus und wirft es aufs Beet. Unkraut, denke ich. Hoffe ich. Dann deutet sie auf eine gelb blühende Pflanze und fragt, ob sie ein bisschen davon haben könnte. »Ihr habt ja so viel davon.« Ich schaue mich um und stelle fest, dass sie recht hat. »Klar, bedien dich«, sage ich und denke im Stillen, dass ich nicht einmal wusste, dass man diese Pflanze essen kann.

Nach knapp einer Stunde fährt Dorit mit einem gut gefüllten Korb auf ihrem Fahrrad davon. Ich freue mich, dass sie mir viele Fragen beantwortet hat und ich aufs Neue dazugelernt habe. Dann hole ich mein Smartphone heraus, öffne die Pflanzen-App und mache ein Foto von der mir unbekannten gelb blühenden Pflanze. Das Ergebnis überrascht mich: Rucola. Ich schaue genauer hin und denke, dass ich es hätte wissen können. Wobei er schon anders aussieht als im Supermarkt. Meine Neugier ist jedenfalls geweckt, und ich rupfe Blätter von unterschiedlich großen Pflanzen ab. Die kleinen, jungen Blätter schmecken mir am besten. Die größeren sind bitterer. Die Blätter der Pflanzen, die schon Blüten haben, sind holzig und schmecken überhaupt nicht. Ich hole eine kleine Schale und pflücke eine gute Portion junge Blätter. Dann räume ich die Gartengeräte in den Schuppen und beende meine Arbeit für heute. Als ich ins Haus komme, begrüßt mich Silvia mit den Worten: »Oh wie schön, du hast Rucola mitgebracht.« Ich antworte nur: »Ja klar, der muss jetzt geerntet werden.«

Terrasse mit Meerblick

Im Garten befinden sich zwei uralte Ställe für Hühner und Schweine. Sie trennen unser Grundstück vom Acker des Nachbarn. Der Schweinestall steht vor unserem Haus. Wenn wir in unserem Wohnzimmer durch das große Panoramafenster schauen, haben wir die alten, von Efeu bewachsenen, zum Teil abgetragenen Mauersteine direkt im Blick. Dahinter liegt der Vitsø, das Naturschutzgebiet und das Meer. Geschichte versus Meerblick. Wir sind uns einig: Der Schweinestall muss weg.

Es ist unser erstes Bauprojekt. Wir fangen an zu recherchieren, sammeln Inspirationen, Ideen, Fotos von Terrassen und diskutieren über Größe, Höhe und Material. Mit einer gemeinsamen Vision im Kopf bitten wir Kai, den Tischler, zu uns. Kai hat zusammen mit Johannes und Dorit das ganze Haus saniert. Er kennt die Historie und jedes einzelne Brett auf unserem Hof. Nach dem Gespräch steht unser Plan: Auf dem Fundament des alten Schweinestalls bauen wir die Terrasse. Das hat etwas Tröstliches, weil es das Alte mit dem Neuen verbindet. Gleichzeitig ist es aber auch eine ziemliche Ansage, denn die Grundfläche misst zehn auf vier Meter. Das ist groß.

Das Fundament wird von zwei großen Pappeln gesäumt. Pappeln sabbeln: Sie können 100 bis 300 Jahre alt werden und symbolisieren Feinsinnigkeit. Die Bäume sind ungefähr dreißig Meter hoch, die Stämme mit Efeu bewachsen und das Laubwerk ist dicht. Was soll mit ihnen geschehen? Müssen sie weichen, weil sie zu nah am Haus stehen? Könnten sie uns bei einem Sturm aufs Dach fallen? Wir nehmen Kontakt zu einem Baumpfleger auf, Joe, dem Schwiegersohn unserer Nachbarin Barbara. Joe möchte die Bäume erhalten und schlägt vor, sie nur zu kürzen und auszudünnen. Das fühlt sich gut an. Der Baum wird als Zeichen für das Leben betrachtet. Die Pappeln bleiben also.

Morgens dreht unser Kater Pablo immer eine Runde durch den Garten. Nachdem Joe das Efeu von den Pappeln entfernt hat, hält Pablo bei seinem Morgenspaziergang inne, setzt sich und schaut einen der Bäume ungefähr fünf Minuten lang an. Das ist ein besonderer Moment für mich. Der Kater bemerkt die Veränderung und schenkt diesem Umstand Aufmerksamkeit. Das berührt mich. Es zeigt, in welchem Austausch wir uns mit der Natur befinden. Tier wie Mensch.

Innerhalb weniger Wochen baut Kai uns dann die neue Terrasse – sofort ist sie ein weiterer Lieblingsort auf unserem Grundstück. Ein Ort, an dem wir mit Freunden und Familie Zeit verbringen. Ein Ort, an dem wir die Sonnenuntergänge genießen. Ein Ort, an dem wir zur Ruhe kommen. Und es gibt auch jene heißen Tage, an denen wir uns über den Schatten freuen, den die Bäume uns spenden.

Zwei Welten

Die Verbindungen zu Freunden und Familie in Hamburg sind wie Gummibänder, die an mir ziehen. Einige dieser Verbindungen sind stark und elastisch. Einige halten mich zurück und einige zerreißen. Mir ist früh klar, dass viele private und geschäftliche Beziehungen durch unseren Schritt auf die Probe gestellt werden. Ich sehe es als Chance herauszufinden, wer und was mir wirklich wichtig ist.

Ein langjähriger Freund und Wegbegleiter von mir ist Marco. Er ist ein exzellenter Filmeditor und schneidet für uns die Folgen der ZDF-Serie *SXULLS*. Ohne Einschränkung kann ich sagen, dass er ein wichtiger Mensch für meine berufliche Laufbahn gewesen ist. Wir haben uns Mitte der Neunziger kennengelernt und im Laufe der Jahre mehr als hundert Filmprojekte gemeinsam geschnitten. Sein Qualitätsanspruch war für mich immer eine Herausforderung, mit spannenden Geschichten und gutem Bildmaterial in den Schnitt zu kommen. Am Anfang schimpfte er regelrecht mit mir, wenn ich bei Filmaufnahmen irgendwo im Hintergrund einen hässlichen Mülleimer übersehen hatte oder ihm eine Kameraeinstellung zum Schneiden fehlte. »Warum hast du nicht ihren Blick gedreht?«, »Hier fehlt mir ein Close-up«, »Ich kann die Totale nicht finden?«, »Ein Topshot wäre geil gewesen«. Als er mich das erste Mal lobte, wusste ich, dass mein Bildmaterial wirklich gut und ich als Regisseur besser geworden war. Wir saßen tage-, nächte-, wochenlang im Schnitt und gingen dabei über unsere Grenzen. Weil wir unsere Arbeit liebten. Und dabei war es egal, ob es um einen kleinen Unternehmensfilm oder einen großen Werbespot ging. Manchmal kam Marco auch mit zum Dreh. So waren wir etwa zusammen in den USA und haben die Basketballer Dirk Nowitzki und Kobe Bryant interviewt, als sie noch keine Superstars waren. Marco wohnte sogar mal eine Zeit lang bei uns in Hamburg. Wir waren richtig dicke Freunde. Als ich mich dann entschied, statt Werbefilme lieber Kinodokumentationen zu produzieren, trennten sich unsere beruflichen Wege, aber die Freundschaft blieb.

Die Entscheidung, Marco als Editor für *SXULLS* anzufragen, hatte also eine große Bedeutung für mich. Der Schnitt der ersten Folge im April lief super. Für die zweite hatte ich dann die Idee, sie auf Ærø zu schneiden.

Als Marco auf den Hof fährt, muss ich lachen. Sein Jeep ist bis unters Dach vollgestopft mit Cases, wie man sie von Konzerten einer Rockband kennt. Und Marco selbst sieht mit seinem Outfit aus wie ein Roadie der Red Hot Chili Peppers. Wir umarmen uns, und ich zeige ihm alles. Anschließend bauen wir im Wohn-Esszimmer der Ferienwohnung die Technik auf: drei Monitore, Computer, Boxen, Mischpult, ein riesiger Flatscreen-TV und noch viel mehr. Wie gut, dass Marco auch noch einen zusätzlichen Tisch mitgebracht hat.

Silvia ist gerade in Hamburg, und so können wir unser »Regie-Schnitt-Männerding« durchziehen, wie wir es früher so oft gemacht haben. Das denke ich zumindest.

Fakt ist jedoch, dass ich die beiden Welten Film und Biohof überhaupt nicht zusammenbringe. Das fängt schon damit an, dass ich schlecht vorbereitet bin. In den Tagen zuvor war draußen einfach viel zu viel zu tun. Und wenn ich nun neben Marco am Schnittplatz sitze, kann ich mich nicht konzentrieren, weil eigentlich dringend der Rasen gemäht werden müsste. Statt ihm kreativen Input zu geben, gehe ich in den Gemüsegarten und ernte Erdbeeren. Kurzum: Es läuft nicht rund – und das ist mein Fehler. Es ist aber auch meine Entscheidung. Mir sind mein neues Leben und die damit verbunden Herausforderungen näher als meine Aufgaben als Regisseur.

Marco konfrontiert mich damit, und ich muss eingestehen, dass er recht hat, ich verhalte mich unprofessionell. Nach dem Gespräch raufen wir uns zusammen, und am Ende entsteht doch noch eine gute Episode. Für mich ist nun absolut klar, dass sich meine beiden Leben nicht überschneiden dürfen. Wenn ich als Filmemacher arbeite, dann nur in Hamburg. Ærø ist kein Ort für Stress und Deadlines.

Ich bin sehr froh, einen Freund wie Marco zu haben, der mir ehrlich sagt, was er denkt. In ein paar Wochen kommt er wieder nach Ærø. Dann aber, um mit seiner Frau bei uns Urlaub zu machen.

Testfeld

Heute ist ein besonderer Tag – in zweifacher Hinsicht. Es ist Silvias Geburtstag. Und die ersten Reben werden gepflanzt.

Elliot ist zu Besuch, und nach einem kurzen Geburtstagsfrühstück gehen wir hoch motiviert raus auf den zukünftigen Weinberg. Ein dänischer Dienstleister hat den Boden in den vergangenen Wochen für uns zweimal mit dem Trecker bearbeitet, sodass wir jetzt mit dem Spaten gut in die Erde kommen. 120 Reben, das bedeutet 120 Löcher graben. Zuerst müssen wir aber noch die Position der Spaliere und Reben genauer festlegen. Wir diskutieren viel und verändern die Abstände. Alles, was wir jetzt machen, hat mindestens zwanzig Jahre Bestand. Das ist nicht wie bei Kartoffeln oder Tomaten, die man jede Saison woanders hinpflanzen kann. Eine Rebe ist eher wie ein Baum, und wir wollen, dass alles schön wird.

Die Reben sollen im Abstand von einem Meter gesetzt werden, die Spaliere vier Meter auseinanderstehen. Das lockert das Ganze auf, wirkt großzügig und nicht wie in einer Monokultur. Später wollen wir dazwischen auch noch Kräuter wie Lavendel, Thymian und Rosmarin pflanzen, damit es mehr wie ein Weingarten aussieht.

Für die ersten fünf Reben brauchen wir eine Stunde. Dann bekommen wir Unterstützung von unseren Feriengästen. Sebastian, ein guter Freund aus Hamburg, ist mit seiner Frau, den zwei Kindern und seinen Eltern zu Besuch. Sie alle waren neugierig darauf, wie wir hier leben. Sebastian ist ehemaliger Weitsprung-Europameister und einer der Protagonisten unseres Films *Die Norm – ist dabei sein wirklich alles?* Fast zwei Jahre lang haben wir ihn auf seinem Weg zu den Olympischen Spiele 2016 begleitet. Aufgrund einer Verletzung hat es am Ende leider nicht geklappt, aber dafür hat Sebastian in dieser Zeit seine heutige Frau Julia kennengelernt und ist Vater eines Jungen geworden. Und zwischen uns ist durch das Filmprojekt eine enge Verbundenheit entstanden.

»Opa Dieter« packt richtig mit an und hilft mir beim Einschlagen der Pfosten. »Oma Ingrid« unterstützt uns beim Pflanzen der Reben und gibt gute Tipps. Nach vier Stunden sind wir erschöpft vom vielen Hämmern, Löcher graben und auf den Knien hocken. Die Stimmung kippt, als es auch noch zu regnen anfängt. Silvia und ich haben den Arbeitsaufwand nicht durchgerechnet und grummeln ein bisschen.

Am nächsten Tag geht es weiter. Silvia hat zwar keine Lust, macht aber mit. Elliot muss für die Uni lernen, dafür ist Dieter wieder für ein paar Stunden am Start. Wir schaffen es, die restlichen Pfähle aufzustellen, aber mit den Reben werden wir nicht ganz fertig. Trotzdem: Es sieht schon richtig toll aus, und wir beschließen, uns nicht zu stressen. In den Folgetagen pflanzen wir nur dann, wenn wir Lust und Zeit haben. Und bei Silvia lässt die Lust spürbar nach. An einem Vormittag wird sie beim Rebenpflanzen von etwas am Kopf getroffen. Sie fasst sich ins Haar und merkt, dass es ein Vogelschiss ist. Wir lachen, aber es ist schon ziemlich eklig. Dass es Glück bringen soll, ändert daran nichts. An einem anderen Tag werden Elliot, Silvia und ich von einem plötzlichen Wolkenbruch überrascht. Innerhalb von Sekunden sind wir von Kopf bis Fuß durchnässt. Wir flüchten unter die Bäume am Feldrand, und ich mache Fotos. Elliot sagt: »Hör auf zu fotografieren, Dad!«, und Silvia ergänzt: »Ich hasse dich!« Silvia kann harsch sein, wenn sie etwas nicht will. Aber zum Glück weiß ich, dass sie es nicht so meint. Meistens zumindest.

Paketstation

Elliots Studium findet aufgrund von Corona ausschließlich online statt. Das ist bedauerlich für ihn und alle anderen Studierenden. Wir aber freuen uns sehr, dass er in dieser Phase viel Zeit auf Ærø verbringen kann. Für unsere Tochter Julia ist das leider nicht möglich. Sie und ihr Mann Simon arbeiten zwar auch sehr viel im Homeoffice, aber die drei Kinder müssen in die Kita. Wir sehen sie also meist nur bei unseren Stippvisiten in Hamburg.

Vieles, das wir für den Biohof benötigen und vor Ort nicht bekommen können, bestellen wir in diversen Onlineshops. Die Pakete mit speziellen Gartengeräten, Jungpflanzen oder Saatgut lassen wir zu Julia nach Hamburg liefern. Dort türmen sich dann unsere Pakete – zur Freude unserer Enkel, die schon mal nachschauen, was drin ist. Das nervt mich, und Julia ist genervt von mir.

Als ich wieder einmal mit nur wenig Zeit bei ihr vorbeischaue, um die Pakete abzuholen, öffnet sie ihr Herz: »Weißt du, Guido, ich komme mir vor wie eine Paketstation.« Ich bin betroffen und nehme sie in den Arm. Sie spricht einen wichtigen Punkt an. Es ist ungerecht und dumm von mir, dass ich mir nicht mehr Zeit für sie und meine Enkel nehme.

Julia ist etwas Besonderes für mich. Ich habe sie bekommen, als sie schon elf Jahre alt war. Ich war total in Silvia verliebt, und Julia gab es als Bonus obendrauf. Sie war wild pubertierend, und es hat einige Zeit gedauert, bis ich ihr Vertrauen gewann. Das Wichtigste an dieser Anfangszeit war, dass wir immer ehrlich zueinander waren. Als Elliot später dazu kam, musste sie als große Schwester ungewohnte Kompromisse und Zugeständnisse machen. Als dreifache Mutter versteht sie das heute natürlich ganz anders. Und ich denke, sie weiß, wie sehr ich sie liebe.

Für sich selbst sorgen

Die Idee der Selbstversorgung gefällt mir. Es bedeutet Freiheit. Ich kann mir die Zeit einteilen, wie ich will, und arbeite an der frischen Luft. Wir kompostieren und leisten damit unseren Beitrag zum natürlichen Kreislauf. Wir bauen unser eigenes Gemüse an, machen Lebensmittel haltbar und uns selbst unabhängiger. Auch das ist für uns eine neue Form der Selbstbestimmung. Natürlich müssen wir weiterhin viele Lebensmittel kaufen, aber die ersten Schritte der Selbstversorgung fühlen sich verdammt gut an. Durch unser Leben in der Natur lernen wir jeden Tag dazu. Wir probieren aus, experimentieren, verwerfen und genießen. Auf einmal wissen wir, woher unser Essen kommt. Es hat dadurch einen viel höheren Wert und schmeckt intensiver.

Unser Gemüsegarten misst zwanzig auf zwanzig Meter. Es gibt darin ein paar Pflanzungen – Erdbeeren, Himbeeren, Johannisbeeren –, um die wir uns erst einmal keine Gedanken machen müssen, weil sie mehrjährig sind. Auch die Kräuter bleiben an ihrem Platz. Alles andere machen wir platt. Den Beetplan haben wir zusammen mit den Studierenden erstellt. Das Land zu bestellen, ist ein kreativer, sinnlicher Vorgang. Der Boden ist gesund und duftet. Die Arbeit an der frischen Luft beglückt mich, sie verbindet mich mit unserem Land und der Natur.

Neben den Gemüsebeeten befindet sich unser Obstgarten. Wir haben diverse Feigen-, Pflaumen-, Apfel-, Birn- und Kirschbäume. Ich liebe diese alten Bäume, die zum Teil nicht viel größer sind als ich. Praktisch für das spätere Ernten. Und noch einen Vorteil sehe ich: Die Obstbäume brauchen erst einmal keine Betreuung, sie machen ihren Job allein.

SOMMER 2021

Der Sommer auf Ærø ist fantastisch, und man versteht sehr schnell, warum die Insel bei Touristen so beliebt ist. Das Klima ist angenehm warm und die Ostsee frisch und glasklar. Selbst wenn einmal schlechtes Wetter vorhergesagt ist, wird es meistens viel besser als prognostiziert. Mit dem Beginn der Sommerferien sind quasi alle Unterkünfte auf Ærø ausgebucht. Auch unsere Ferienwohnungen sind bis auf ein paar Tage komplett vermietet. Das freut uns sehr, weil uns die Einnahmen helfen, den Hof instand zu halten. Wir haben uns vorgenommen, alle Besucher persönlich zu begrüßen und, wenn sie Lust dazu haben, über das Grundstück zu führen. Unser Zuhause soll auch ihnen ein Zuhause sein.

Geschwisterliebe

Mein kleiner Bruder Marc (53) kommt zum ersten Mal zu Besuch, zusammen mit seinen beiden Töchtern Emma (12) und Paula (13).

Ich freue mich sehr darauf, sie zu sehen. Für Marc habe ich die kleinere Ferienwohnung in der ersten Etage vorbereitet. Dort soll er es sich allein gemütlich machen und sich auch ein wenig von seinen Töchtern erholen dürfen. Emma und Paula bekommen mein Lieblingszimmer im Gästebereich, ein Schlafzimmer mit zwei Einzelbetten und einem Fenster mit Blick in unseren Garten. Verbunden ist das Zimmer mit einem Raum, in dem Stühle und ein kleiner Schreibtisch stehen. Dort kann man es sich richtig gemütlich machen, gut arbeiten und lesen. Perfekt für zwei Mädchen, die gern auch mal nur unter sich sind.

Marc, Emma und Paula erkunden den Hof, die Umgebung und die Strände der Insel. Die Mädchen helfen im Garten, vor allem beim Erdbeeren pflücken, verlieren dabei aber schnell die Geduld. Lieber malen die beiden Bilder, schreiben Tagebuch, diskutieren und genießen die Zeit. Tante sein macht Spaß. Ich bin die für die Fragen, die sie nicht mit ihren Eltern besprechen wollen. Und ich darf sie ab und zu ein bisschen verwöhnen.

Wir kochen alle gemeinsam und sprechen über das Leben, die Herausforderungen, und alles, was gerade so ansteht. Quality Time. Marc freut sich mit uns über unsere Entscheidung, die nächsten Jahre auf dieser Insel zu verbringen. Er steht mir sehr nahe, und ich finde, er ist ein ganz wundervoller Mensch. Das ist ja eigentlich so eine Sache bei Geschwistern. Wir haben viel zusammen gespielt in unserer Kindheit, aber er war halt auch mein kleiner Bruder, der mich genervt hat. An Weihnachten habe ich einmal heimlich unsere Geschenke gezählt, und Marc hatte mehr. Ich war verletzt und traurig. Zum Glück hatten wir eine sehr aufmerksame Mama, die mir erklärt hat, dass Liebe nicht in der Anzahl von Geschenken gemessen wird. Damit war die Sache für mich erledigt.

Das Verhältnis zu meinem Bruder prägt mich. Wir sind füreinander da, auch wenn wir beide unser eigenes Leben haben. Durch ihn habe ich früh gelernt, mit Nähe, Konkurrenz, Konflikt und

Versöhnung umzugehen. Die Beziehung zu meinem Bruder ist bis jetzt die längste in meinem Leben. Unsere Großeltern und Eltern sind gestorben, Freundschaften vergehen, Partnerschaften enden, aber Marc ist immer da. Zusammen haben wir die Trennung unserer Eltern erlebt und sind mit unserer Mama von der Schweiz zurück nach Hamburg gezogen, wo wir auf dasselbe Gymnasium gegangen sind. Für meine Tochter Julia ist er eher ein großer Bruder als ein Onkel. Kein Wunder, die beiden trennen ja nur 16 Jahre. Marc selbst ist erst sehr spät in seinem Leben Vater geworden. Ich erinnere mich an ein Telefonat mit ihm, als ich mich gerade auf dem Weg zu Elliots Gymnasium befand, zum allerletzten Elternabend. Marc rief an, um mir mitzuteilen, dass auch er auf dem Weg zur Schule sei, allerdings zu seinem allerersten Elternabend. Darüber mussten wir beide laut lachen.

Rasenmäherunfall

Ich glaube, ich bin ein Klischee, denn ich liebe es, mit dem Rasenmäher über das Grundstück zu fahren. Am liebsten nachmittags, wenn die Sonne flach steht und nicht mehr so brennt. Dann komme ich mir ein bisschen wie ein Cowboy vor, der über seine Ranch reitet. Inzwischen habe ich meine Mähtechnik perfektioniert. Es ist für mich eine Challenge, so effektiv wie möglich zu mähen und die Fahrwege zu optimieren. Wenn ich über einen Stein oder gegen einen Zaunpfosten fahre – was natürlich nur sehr selten vorkommt –, zucke ich zusammen und empfinde es als persönliche Niederlage.

Der Rasen wächst gerade richtig schnell, sodass ich mindestens einmal die Woche mähen darf. An den Wegrändern lasse ich das Gras manchmal bewusst stehen, um Insekten und anderen Kleintieren einen Schutzraum zu bieten. Bei allem Stolz auf mein Talent als Greenkeeper betreiben wir schließlich immer noch einen Biohof und keinen Golfplatz. Alle drei, vier Wochen muss dann aber auch das hohe Gras weichen. Denn wenn man nicht mäht, wachsen überall kleine Bäume, Brombeersträucher und dergleichen.

Heute mähe ich rund um den Komposthaufen und die Weidenkläranlage. Ich bin voll in meinem Element, als es plötzlich »Wrroommm« macht. Kurz und laut. Ein klares Indiz, dass ich etwas überfahren habe. Aber was kann es sein? Ich habe hier schon häufiger gemäht, und da war nie etwas. Ich schalte den Rasenmäher aus und steige ab. Mit einem äußerst unguten Gefühl. Zurecht. Ich habe einen Igel überfahren.

Tausend Gedanken schießen mir durch den Kopf. Mir ist schlecht. Ich fühle mich schuldig. Aber ein wenig bin ich auch sauer auf den Igel, dass er nicht weggelaufen ist. Er muss mich doch gehört haben. Aber vermutlich hat er sich eingerollt, um sich so vor der drohenden Gefahr zu schützen. Wie soll er auch gelernt haben, dass Einigeln kein probates Mittel gegen Rasenmäherklingen ist. Ich hätte einfach besser aufpassen müssen.

Vorsichtig lege ich den Igel an den Wegrand. Er ist nicht zu retten. Ich warte ein paar Minuten, dann hole ich einen Spaten und begrabe ihn.

Für heute ist mir die Freude am Rasenmähen vergangen. Das Geräusch geht mir nicht mehr aus dem Kopf. Nie wieder werde ich derart gedankenlos durchs hohe Gras fahren.

Why Not

Als meine Eltern so alt waren wie ich jetzt, haben sie in der Türkei auf einem Segelschiff mit dem wunderbaren Namen *Why Not* gelebt. Sie hatten genau wie wir ihre Zelte in Hamburg abgebrochen und meine ältere Schwester Kathrin und mich sowie ihre Eltern

»zurückgelassen«. Ich fand es toll und irgendwie auch logisch, dass sie nach einem knochenharten Arbeitsleben in der Fleischerei Weihermüller in ihr Lieblingsland auswanderten und sich damit einen Lebenstraum erfüllten. Nach finanziell schwierigen Anfangsjahren hatten sie sich etwas aufgebaut, und als es richtig gut lief, beschlossen sie aufzuhören. Kein »Weiter so« für noch mehr Geld, sondern im richtigen Moment den Absprung finden, dafür habe ich sie damals bewundert und tue es noch heute. In gewisser Weise sind sie dadurch auch Vorbilder für Silvia und mich. Wir haben sie mindestens einmal im Jahr in der Türkei besucht, und wenn sie nach Deutschland kamen, haben sie manchmal für ein paar Wochen bei uns gelebt. Als sie älter wurden und es dann auf dem Schiff für sie körperlich zu anstrengend wurde, haben sie es verkauft und sind zurück nach Hamburg gezogen.

Heute kommen sie zum ersten Mal nach Ærø, und wir sind gespannt, wie es ihnen bei uns gefällt. Ich weiß, dass sie nicht begeistert davon sind, dass wir nicht mehr um die Ecke wohnen, aber wenn ich mir die vergangenen Monate so anschaue, haben wir uns fast häufiger gesehen als davor.

Als sie auf dem Hof ankommen, spüre ich, dass sie nicht so gut drauf sind. Mein Vater ist 84 Jahre alt und geht am Stock, nachdem es bei ihm im Mai nach einer Hüftoperation schwere Komplikationen gab. Ich finde es toll, dass er trotzdem gekommen ist. Meine Mutter wird bald 80, ist aber körperlich wesentlich fitter und organisiert das Zusammenleben der beiden. Die Tage mit ihnen sind holprig, und sie machen sich Sorgen, dass die Arbeit auf dem Hof zu viel für uns ist. Unsere Begeisterung für unser neues Leben können oder wollen sie nicht nachvollziehen. Ich weiß nicht so recht, wie ich mit der Situation umgehen soll.

Ich bin enttäuscht. Silvia auch. Waren meine Erwartungen zu hoch? Als sie vier Tage später die Rückreise antreten, bleibt ein komisches Gefühl zurück. Aber ich bin auch glücklich, dass sie gesehen haben, wie wir unser neues Leben gestalten wollen.

Hochzeitsinsel

Mein Telefon klingelt. »Gurke« erscheint auf dem Display. In Sekundenbruchteilen schießen mir sehr schöne und auch sehr anstrengende Erinnerungen durch den Kopf. Denn Stefan – Spitzname »Gurke« – ist Triathlet. Ironman Hawaii und so. Wir waren im selben Verein. Ich als mittelguter Hobbysportler, er schon fast ein Profi. Stefan ist für mich einer der sympathischsten Menschen, die man sich vorstellen kann. Er hat einen schnellen, wachen Geist und ein erfrischendes, ehrliches Auftreten. Seit einem Radtrainingslager auf Mallorca haben wir eine besondere Beziehung zueinander. Bei der traditionell den Aufenthalt abschließenden Radtour von Port d'Andratx nach Port de Pollença, dem sogenannten Küstenklassiker, hat er mich zufällig auf dem steilsten Teil der Strecke begleitet. Dazu muss man wissen, dass ich kein besonders guter Radfahrer bin. Schon gar nicht am Berg. Eine Extraportion Motivation kann ich da immer gut gebrauchen. Mit kleinen Spielchen, Sprüchen und wertvollen Tipps hat Stefan mich durch meine persönliche Hölle begleitet und über den Berg »gezogen«. So was verbindet.

Ich gehe ran. Stefan hat gehört, dass wir auf Ærø leben. Er erzählt mir, dass er und seine Frau Anja vor ein paar Jahren auf Ærø geheiratet haben. Krass, was für ein Zufall. Ærø, das muss man wissen, wird auch die »Hochzeitsinsel« genannt. Im Vergleich zu Deutschland ist es hier total unkompliziert zu heiraten, wodurch sich auf der Insel ein richtiges Business entwickelt hat. Mehr als 2000 Hochzeiten pro Jahr finden auf Ærø statt, nicht nur im Rathaus, sondern auch am Strand, auf dem Leuchtturm und an anderen wundervollen Orten. Stefan und Anja überlegten damals, nach Ærø auszuwandern, entschieden sich am Ende aber doch dagegen.

Ein paar Tage später sind sie hier. Sie haben ihren schwarzen Porsche dabei. Stefan wollte immer einen Porsche besitzen, deshalb haben sie einfach ihren Hund so genannt. Der wedelt jetzt aufgeregt mit dem Schwanz und zieht an der Leine. Unseren Kater Pablo interessiert das nicht weiter, er bleibt ganz cool und außer Reichweite. Wir essen leckeren Erdbeerkuchen, trinken Kaffee und teilen unsere Erfahrungen und Informationen über den Hauskauf und die Einwanderung nach Dänemark. Anschließend gehen wir hinaus in den Gemüsegarten, ernten gemeinsam Johannisbeeren, und Anja fragt, ob sie bei uns Obst und Gemüse einkaufen darf, sobald sie auf die Insel gezogen sind. Es scheint so, als ob wir schon sehr bald noch ein paar Hamburger mehr auf der Insel haben.

Es geht ans Eingemachte

Mich haben Küchenmaschinen nie interessiert, weil ich es gewohnt war, gesund und in kleinen Einheiten zu kochen. Das ist jetzt komplett anders. Wohin nur mit all den Karotten, Zucchini, Bohnen, Zwiebeln, Pflaumen, Äpfeln, Himbeeren und Erdbeeren? Ich habe noch nie in meinem Leben Marmelade hergestellt, geschweige denn mich mit anderen Methoden beschäftigt, Gemüse und Obst haltbar zu machen.

Jetzt nehme ich mir die Zeit, mir das alles selbst beizubringen. Guido schenkt mir eine Küchenmaschine wohl in der Hoffnung, dass diese ihn von der Mithilfe befreit. Und so kommt es auch. Die Maschine wiegt, zerkleinert, rührt und kocht. Alles in einem Pott. Kochen für Dummies. Meine erste Erdbeermarmelade ist für mich ein Fest. Und auch für Guido. Daraufhin fange ich an, alles einzukochen, was mir in die Finger kommt. Was ich nicht einfriere, verarbeite ich zu Marmeladen, Chutneys und Suppen. Kuchen habe ich früher nur zu Geburtstagen mit Backmischungen gebacken. Jetzt backe ich auf einmal köstlichste Pflaumen- und Apfelkuchen und Crumbles.

Meine Einstellung zum Essen verändert sich komplett. Ich spüre eine ganz neue Verbindung zu dem, was wir zu uns nehmen. Alles schmeckt so viel besser, wenn es direkt aus dem Boden kommt. Unserem Boden.

Inselliebe

Wir sind jetzt schon mehr als ein halbes Jahr auf der Insel, aber immer öfter kommt es vor, dass unsere Feriengäste mir von Orten und Sehenswürdigkeiten erzählen, die ich noch nicht kenne. Das ist kein gutes Zeichen, denke ich und frage Silvia, ob sie Lust auf eine Radtour hat. Wenn man mit dem Auto unterwegs ist, bleibt man meist auf der Hauptstraße und bekommt nur wenig von dem mit, was sich abseits davon abspielt.

Ich gehe in den Fahrradschuppen und pumpe die Reifen auf. Silvia packt zwei Wasserflaschen ein, und los geht's. Wir fahren zur Badeleiter in Søby, dann um den Vitsø herum nach Leby und weiter auf der Radstrecke Nummer 8, die Søby und Ærøskøbing miteinander verbindet. Es ist ein milder Sommertag, die frische Luft und die Sonnenstrahlen auf meiner Haut lassen Urlaubsgefühle aufkommen. Wir nehmen uns viel Zeit und halten immer wieder an, wenn wir einen kleinen Verkaufsstand am Straßenrand entdecken. Liebevoll werden dort lokale Produkte angeboten: selbst gemachter Honig, Marmeladen, Obst und Gemüse. So etwas wollen wir im nächsten Jahr auch machen – wenn es mit dem Gemüseanbau klappt. Außerdem entdecken wir versteckte Badestrände, kleine Kunstboutiquen, Hofläden und Cafés. Und wir stellen fest, dass Ærø nicht nur sehr hyggelig, sondern auch sehr hügelig ist.

Am späten Nachmittag sind wir zurück und legen uns erschöpft auf die Liegestühle im Garten. Ich fühle mich ein bisschen wie im Urlaub.

Die Touristen kommen

Im Sommer wird es »voll« auf Ærø. Neben den Touristen befinden sich dann auch die meist dänischen und deutschen Ferienhausbesitzer auf der Insel. Das verleiht dem Leben hier einen ganz anderen Rhythmus. Auf einmal sind alle Restaurants geöffnet und der Müll wird wöchentlich abgeholt. Auch unser Bäcker Finn hat nun täglich geöffnet. Das Vereinsleben tritt in den Hintergrund, und die Leute haben weniger Zeit für Schwätzchen.

Die Häfen von Søby, Ærøskøbing und Marstal sind im Sommer bei Seglern extrem beliebt. Neben den Seglern zieht die Insel vor allem Menschen an, die sich nach Ruhe sehnen und Lust auf Natur pur haben. Best Ager, die nichts mehr müssen, aber noch viel können. Familien mit Kindern, die eine Alternative zu ihrem anstrengenden Alltag suchen. Aktive Menschen, die wissen, dass die Insel bestens geeignet ist, sie mit dem Fahrrad oder zu Fuß zu erkunden. Die Rad- und Wanderwege hier sind hervorragend.

Durchschnittlich 300 000 Touristen kommen im Sommer auf die Insel – mit steigender Tendenz. Zum Vergleich: Sylt, die Lieblingsinsel der Deutschen, begrüßt im Sommer täglich fast 150 000 Menschen. Sylt dient hier als abschreckendes Beispiel beim Thema Wachstum um jeden Preis und steht als Mahnmal für den Ausverkauf einer Insel. Auf Ærø dagegen ist Nachhaltigkeit das oberste Gebot, auch was den Einklang von Leben und Tourismus angeht. Die Öffnungszeiten der Läden sind dafür das beste Beispiel. Sie sind geöffnet, wie man es für richtig hält. Selbst im Hochsommer kann es zum Beispiel passieren, dass die Brauerei am Samstagnachmittag geschlossen hat. Warum? Weil sie es können. Weil es hier nicht darum geht, maximale Erträge zu erwirtschaften. Stattdessen steht die eigene Lebenszeit im Vordergrund.

Davon kann ich mir einiges abschauen. Schließlich sind wir auf die Insel gezogen, um ein neues Maß für unser Leben zu finden. Alles, was wir planen, prüfen wir nun unter diesen erweiterten Gesichtspunkten. Da hilft es uns sehr, dass die Insulaner uns einen anderen Lebensentwurf vorleben.

Von wegen Männerspielzeug

Ich habe ein paar Jahre an Triathlons teilgenommen und während eines Wettkampfs jedes Mal gebetet, dass ich keinen platten Reifen bekomme. Wahrscheinlich hätte ich das Rennen eher abgebrochen, als mitten auf der Strecke unter Zeitdruck einen kaputten Schlauch zu reparieren. In der Rückschau ist mir das natürlich ein bisschen peinlich. Auf der anderen Seite muss ich auch nicht alles können. Oft genügt mir das Wissen, dass ich alles lernen kann, wenn es sein muss oder ich es unbedingt will. Und Teamarbeit hat doch auch seine Daseinsberechtigung im Leben. Jeder Mensch hat seine eigenen Stärken und Fähigkeiten. Da ist es doch nur sinnvoll, die Verantwortung auf mehrere Schultern zu verteilen. Jedenfalls bin ich damit in den ersten fünfzig Jahren meines Lebens immer gut gefahren.

Jetzt, auf dem Hof, ist alles anders. Hier muss ich meine Einstellungen überprüfen und gegebenenfalls neu justieren. Heute zum Beispiel bin ich allein, Guido ist nach Hamburg gefahren und hat mir die dringende Bitte hinterlassen, den Rasen zu mähen. Unseren Rasenmäher schiebt man aber nicht einfach so vor sich her, er ist eine richtige Maschine. Ein Aufsitzer. Guido liebt seine Gerätschaften und Werkzeuge heiß und innig, von der Motorsense bis zum Einachser. Mich dagegen befällt schon Panik bei dem Gedanken, wie ich den Rasenmäher aus dem Stall bekommen soll. Irgendwann mal hat mir Guido sicher eine Einweisung gegeben, aber wenn überhaupt, dann habe ich nur halbherzig zugehört, da ich mir dachte, dass ich den Rasenmäher ja sowieso nie fahren werde.

Doch jetzt ist es so weit. Wie war das noch gleich? Bevor ich ewig rumprobiere oder gar Guido um Rat frage – der dann begleitet wird von Kommentaren wie »Das habe ich dir doch schon so oft erklärt« –, rufe ich lieber Elliot an. Er beschreibt mir kurz und knackig die wenigen Dinge, die ich wirklich wissen muss, und ich mache mich an die Arbeit. Ich fahre den Rasenmäher aus dem Stall und komme ziemlich genau zehn Meter weit. Dann gibt er den Geist auf. Ich erinnere mich, dass Guido mal erwähnte, dass das Stehenbleiben des Rasenmähers fehlendes Benzin bedeuten könnte. Na danke, denke ich, jetzt muss ich auch noch Benzin nachfüllen. Ich rufe noch mal Elliot an, und zum Glück ist das Problem schnell behoben. Also auf ein Neues.

Zu Beginn habe ich kein Gefühl für die Maschine. Was aber nicht wirklich auffällt, da unser Grundstück ja eher wild ist. Es gibt hier keine akkurat verlaufenden Wege oder Rasenkanten. Und so macht es mir mehr und mehr Spaß. Ein wenig erinnert es mich sogar an meine frühe Jugend, als ich auf dem Hamburger Dom Autoscooter gefahren bin. Nach knapp neunzig Minuten ist alles erledigt, und ich bin stolz und zufrieden.

Ich stelle mich den neuen Herausforderungen und mache alles, was gemacht werden muss: mein erster Einsatz mit der Motorsense, mein erstes selbst gemachtes Lagerfeuer, das erste Mal Gasflaschen austauschen. Für neue Erfahrungen ist es nie zu spät.

Sommer 2021

Heldenreise

Aufgrund der Corona-Pandemie ist es uns nicht möglich, die Ruderer unseres Filmprojekts bei dem lang ersehnten Highlight ihrer sportlichen Karriere zu begleiten. Statt in Tokio von der Tribüne aus zu filmen, schaue ich mir die Olympischen Spiele nur auf dem Laptop an. Mitfiebern tue ich aber genauso. Ihre Geschichte ist ja auch unsere Geschichte.

Für Marc und Stefan im Doppelzweier läuft es ganz gut, aber im Halbfinale ist die Konkurrenz dann doch zu stark. Für sie bleibt nur das B-Finale und am Ende Platz 11. Auch der Doppelvierer – das Paradeboot der Skuller und Olympiasieger 2012 und 2016 – hat keine Medaillenchancen. Tim Ole, Max, Hans und Karl verpassen das Finale und belegen Platz 8.

Als Olli im Halbfinale antritt, ist sich die ganze Ruderwelt sicher, dass er es locker ins Finale schafft. Aber es ist windig und wellig, Bedingungen, die ihm überhaupt nicht liegen. Da fehlen dem früheren Schwimmer einfach die vielen Jahre Rudererfahrung der anderen Athleten. Zu Beginn kann Olli noch gut mithalten, aber dann hat er zunehmend Probleme mit dem Wind. Er verkrampft, verliert seine Effizienz und Meter um Meter auf seine Konkurrenten. Am Ende fährt er als Vierter über die Ziellinie und verpasst den Finaleinzug. Völlig fassungslos sitzt er in seinem Ruderboot. Fünf Jahre harte Arbeit auf ein einziges Ziel hin. Und dann das. Ich fühle mit ihm. Einen Tag später zeigt er, was in ihm steckt, und gewinnt das B-Finale mit großem Vorsprung. Aber das wird ihn nicht wirklich trösten. Damit endet auch unser Filmprojekt. Hätte er eine Medaille geholt, hätten wir seine Heldengeschichte vielleicht weitererzählen können. Und ich bin mir nicht mehr sicher, ob ich überhaupt noch mal ein Filmprojekt machen werde.

Tennisellenbogen

Seit ein paar Tagen tun mir alle Knochen weh. Ist das Rheuma? Obwohl ich in meinem Leben ziemlich viel Sport gemacht und eine hohe Leidensfähigkeit entwickelt habe, sind mir derartige Schmerzen fremd. Der Nacken, die Schultern, die Arme, sogar die Füße tun weh. Und ganz besonders die Ellenbogen. Selbst dann, wenn ich mich überhaupt nicht bewege.

Ich beschließe, das dänische Gesundheitssystem zu testen und will einen Termin bei dem mir von der Kommune zugeteilten Arzt organisieren. Ich rufe in der Gemeinschaftspraxis an und bekomme eine dänische Ansage zu hören, von der ich nur einen Bruchteil verstehe. Zu meinem Glück endet sie mit »Press 9 for English«. Ich drücke also die 9 und werde aufgefordert, meine CPR-Nummer einzugeben. Auch das klappt, und zwei Sekunden später habe ich eine freundliche, Englisch sprechende Mitarbeiterin am Telefon. Ich beschreibe ihr meine Schmerzen und bekomme einen Termin am übernächsten Tag.

Die Praxis liegt am anderen Ende der Insel in Marstal. Während ich über die Insel fahre, schweift mein Blick über Ærøs wunderschöne Landschaft. Die Dörfer, Straßen und Häuser werden mir mit jeder Fahrt vertrauter. Nach dieser 25-minütigen Sightseeingtour betrete ich die Praxis, die sich in einer schönen, zweistöckigen Altbauvilla befindet. Es gilt Maskenpflicht. In den vergangenen Tagen habe ich ganz vergessen, dass es Corona noch gibt. Jetzt bin ich ein bisschen nervös. Im Zimmer hinter dem kleinen Tresen sind zwei Mitarbeiterinnen, die mich offensichtlich nicht bemerkt haben. Ich winke ihnen zu und rufe ein »Hej!« in den Raum. Sie lächeln mir zu und gehen weiter ihrer Arbeit nach. Ich desinfiziere meine Hände und setze mich auf einen Stuhl. Das Wartezimmer unterscheidet sich nur wenig von einem Wartezimmer in Hamburg. Bilder an den Wänden, Plakate, die über Vorsorgeuntersuchungen informieren, Kinderspielzeug in einer Kiste und ein paar Zeitschriften auf den kleinen Tischen. Der einzige Unterschied: Es ist fast leer. Eine junge Mutter mit ihrem Sohn und eine ältere Frau sind die einzigen anderen Patienten.

Nach ein paar Minuten betritt ein freundlich aussehender Mann Anfang fünfzig den Raum. Er trägt Sandalen, Jeans und ein buntes Hemd mit hochgekrempelten Ärmeln. Er bittet die Mutter und ihren Sohn, ihm ins Sprechzimmer zu folgen. Kurz danach betritt ein männlicher Patient die Praxis, geht zum Tresen und zieht seine gelbe Gesundheitskarte durch einen kleinen Scanner. Eine der Mitarbeiterinnen tritt an den Tresen und spricht mit ihm. Ich muss schmunzeln, stehe auf und mache es ihm nach. So läuft das hier also. Erst die Karte, dann das Vergnügen.

Wenig später sitze ich dem Mann in Jeans und Sandalen gegenüber. Er ist braun gebrannt, spricht Deutsch und stellt sich als Bernhard vor. Er lebe schon seit vielen Jahren auf der Insel. Meine Probleme identifiziert er sehr schnell als Überlastung durch die ungewohnte körperliche Arbeit auf dem Hof. Die Schmerzen in den Armen diagnostiziert er als typische Epicondylitis, landläufig auch Tennisellenbogen genannt. Ich komme mir vor wie ein Weichei, muss dann aber doch lachen, als ich mir Silvia und mich Tennis spielend in einem Rentnerresort in Florida vorstelle.

Ich frage Bernhard, was man dagegen tun kann, und er sagt, das liege ganz bei mir. Ich könne eine Pause einlegen, aber genauso gut weiterarbeiten. In beiden Fällen könne es bis zu einem Jahr dauern, bis es besser wird. Dann erklärt er mir den maßgeblichen Unterschied zwischen dem dänischen und dem deutschen Gesundheitssystem. Während in Deutschland eine teure Medikamenten- und

Gerätemedizin vorherrsche, basiere das dänische System vor allem auf vier Säulen: Gelassenheit, viel Schlaf, gesunde Ernährung und Bewegung an der frischen Luft. Trotzdem sei die Lebenserwartung in Deutschland nur unwesentlich höher als in Dänemark, schiebt er nach. Wenn ich aber möchte, könne ich zur Sicherheit selbstverständlich gern noch ein Blutbild machen lassen, um auszuschließen, dass es etwas Rheumatisches ist.

Er verabschiedet mich herzlich. Ohne Spritze, ohne Rezept, ohne Therapieplan – dafür aber mit der Erkenntnis, dass in Dänemark die Gesundheit und nicht die Krankheit gepflegt wird. Ich hätte nicht gedacht, dass die Gesundheitssysteme zweier direkter Nachbarländer so unterschiedlich sein könnten. Und ich frage mich, wie es sein wird, wenn ich einmal ernsthaft krank bin.

Fünf Minuten und eine Blutentnahme später sitze ich wieder im Auto. Bernhards Worte wirken nach: »Gelassenheit, viel Schlaf, gesunde Ernährung und Bewegung an der frischen Luft«. Vier Faktoren, denen ich in meinem deutschen Berufsleben nicht gerade besonders oft nachgekommen bin.

HERBST 2021

Der Übergang vom Sommer zum Herbst ist fließend. Die Tage werden kürzer und Wind kündigt die bevorstehenden Herbststürme an. Die Natur beschenkt uns mit der ersten reichen Ernte. Nicht nur mit dem von uns gezogenen Gemüse, auch die Apfel- und Birnbäume tragen reichlich. Wir haben angenehme Feriengäste, die uns viel Freude und Arbeit bescheren, und wir spüren, dass wir langsam auf der Insel heimisch werden.

Pfälzer

Die Reben auf unserem Testfeld haben den trockenen Sommer – auch dank Silvias Mithilfe – gut überstanden. Als ich für zwei Wochen in Italien und Österreich gedreht habe, musste sie die Pflege übernehmen und die zarten Pflanzen mit dem Gartenschlauch gießen.

Heute kommen Roger und Susanne für ein langes Wochenende auf die Insel. Sie sind in aller Früh in der Pfalz aufgebrochen, um die Nachmittagsfähre nach Ærø zu erwischen. Ich freue mich sehr auf die beiden, weil ich mich ohne sie nie getraut hätte, Wein anzubauen. Was sie wohl zum Testfeld sagen werden? Außerdem möchten wir sie etwas verwöhnen und ihnen eine gute Zeit auf Ærø bereiten. Schon vor ein paar Tagen war ihr Sohn Jan mit einem Freund bei uns zu Besuch. Sie haben mir geholfen, die Drähte an den Spalieren zu befestigen, und mich auf ein paar kleine Fehler hingewiesen, die wir beim Anheften der Reben gemacht haben. Ansonsten waren sie mit unserer Arbeit aber ganz zufrieden.

Nach Kaffee und Kuchen nehmen wir Roger und Susanne mit auf einen Spaziergang über unser Grundstück. Wir lachen laut und viel. Silvia und ich erzählen, was wir bisher so gemacht haben und wo wir im nächsten Jahr unseren ersten richtigen Weinberg anlegen wollen. Die Pfälzer schauen sich alles interessiert an und geben uns gute Ratschläge. Im Großen und Ganzen können wir es so machen, wie wir es uns vorgestellt haben. Wir sollen aber unbedingt noch Büsche und Bäume als Windschutz pflanzen und Möglichkeiten zur automatischen Bewässerung finden.

Als wir wieder im Haus sind, schenkt uns Roger eine verdreckte Weinflasche mit einem total zerfetzten Etikett. Ich schaue ihn verwundert an. Er erklärt uns, dass die Flasche aus dem Ahrtal stammt. Drei Wochen lang haben er und Jan zusammen mit der Freiwilligen Feuerwehr von der Haardt geholfen, die größte Not nach der Flutkatastrophe vom 14. Juli zu lindern. 134 Todesopfer. Weinberge verwüstet, Häuser zerstört, Weinkeller überflutet – viele Winzer im Ahrtal haben in nur einer Nacht alles verloren, was über Generationen aufgebaut wurde. Als Dank für die Unterstützung beim Wiederaufbau hat jeder Helfer von den Winzern drei Flaschen Wein bekommen, die die Katastrophe irgendwie überstanden haben.

Ich betrachte die Flasche und versuche, mir vorzustellen, was die Menschen in der Nacht der Katastrophe durchgemacht haben. Die Flasche ist für mich ein Symbol der Demut vor den Naturgewalten, aber auch der Verbundenheit der Winzer untereinander.

Memo an mich

»So, ein kleines Update aus dem Gemüsegarten. Heute ist der …« Mit diesen Worten beginne ich seit einigen Wochen kleine Handyvideos, mit denen ich festhalten möchte, was sich bei uns im Gemüsegarten so tut. Denn jeden Tag, oder zumindest jede Woche, verändert sich das Bild erheblich, und neue Arbeiten sind zu erledigen. Deshalb dokumentiere ich die Entwicklung regelmäßig in einer Art Videotagebuch, um für das nächste Jahr zu wissen, was wann auf uns zukommt. Am Anfang waren es Möhren, Radieschen und Erdbeeren, dann Bohnen, Mangold und so weiter. Jetzt gerade blüht die Kapuzinerkresse – aus der Silvia ein geniales Pesto zaubert – und der Topinambur, den wir den ganzen Winter ernten können. Auch die superleckeren Himbeeren ernten wir seit ein paar Wochen regelmäßig. Dagegen sind die Gurken leider gar nichts geworden. Auch die Melonen haben nicht geklappt, und die Salate wurden von den Schnecken geholt. Dafür haben wir noch Zucchini, ein paar Tomaten und jede Menge Kräuter. Trotz der Verluste ist der Ertrag unglaublich vielfältig, dabei haben wir nicht einmal die ganze Fläche ausgenutzt. Aber ich muss auch festhalten, dass der Garten sehr viel Pflege braucht. Mal wuchern die Beikräuter (»Unkraut« soll man ja nicht sagen), mal finde ich ein Ameisennest – es kommt immer etwas Unerwartetes dazu. Wahrscheinlich arbeiten wir überhaupt noch nicht effektiv.

Herbst 2021

Ærøboer

Nach mehrmaliger Verschiebung wegen Corona findet endlich der Empfang der Neuankömmlinge in den Räumen der Kommune statt. Neben den zugereisten Dänen – die meisten aus Kopenhagen – bilden die Deutschen die größte Gruppe der neuen Inselbewohner. Es sind ungefähr fünfzig Menschen zusammengekommen, und alle haben sich ein wenig schick gemacht. Der Raum ist eher funktionell eingerichtet, die Tische sind in einem großen U aufgebaut. Es hat ein bisschen was von einer Schule. Nach ein paar einleitenden Worten der Willkommensbeauftragten Joan spricht der Bürgermeister. Er wirkt etwas schüchtern, begrüßt die Anwesenden jedoch herzlich und hofft, dass wir auf der Insel unser Glück finden. Er sagt, dass Ærø eine sehr aktive Gemeinde mit vielen Vereinen sei und er sich auch von den neuen Einwohnern Engagement und Teilhabe an der Gemeinschaft wünsche. Damit jeder versteht, was er sagt, wird alles ins Englische und ins Deutsche übersetzt. Es folgt eine Vorstellungsrunde, während der jeder ein paar Sätze über sich sagen kann. Es ist spannend zu sehen, wie viele verschiedene Menschen die gleiche Idee hatten wie wir. Dann stellen sich noch das Rote Kreuz, der lokale Badmintonverein und die Gartenfreunde vor. Zum Abschluss bekommt jeder einen Pappkoffer mit Informationsmaterial und kleinen Geschenken ausgehändigt. Erst jetzt wird mir so richtig klar, dass wir hier die Fremden sind und wie gut es uns geht im Vergleich zu den Millionen Flüchtenden auf der Welt. Was für ein Privileg, dass wir uns den Ort aussuchen können, an dem wir leben wollen, und dann auch noch so herzlich aufgenommen werden.

Neue Möglichkeiten

Das Wort »Möglichkeiten« hatte Silvia fett auf die Liste geschrieben, als es um den Kauf des Biohofs ging. Nach knapp einem Jahr haben wir schon sehr viel gelernt und angefangen, erste Schritte in unbekanntem Terrain zu machen. Silvia interessiert sich durch die eigene Produktion von Gemüse und Obst immer mehr für die Themen Gesundheit und Ernährung. Für mich ist klar, dass die Themen Landwirtschaft und Wein meine neue Identität hier auf Ærø prägen könnten. Ich bestelle mir entsprechende Literatur, schaue Filme und Videos und versuche zu verstehen, wie eine nachhaltige Bio-Landwirtschaft gelingen kann. Dabei ist mir bewusst, dass es Jahre braucht, um ein fundiertes Wissen aufzubauen. Dennoch denke ich, dass es prinzipiell jeder lernen kann und die Menschen viel mehr praktische Erfahrungen in Bezug auf den Anbau von Nahrungsmitteln haben sollten. Denn nur dann fängt man automatisch an, sich besser zu ernähren, und hört auf, zerstörerisch hergestellte Produkte zu konsumieren.

Herbststurm

Zum ersten Mal tobt ein richtiger Sturm. Im Grunde ist der Hof von Bäumen abgeschirmt, sodass er ziemlich windgeschützt ist. Aber schon Johannes hatte mich darauf vorbereitet, dass dies nicht für die Westseite gilt. Dort trifft der Wind beinahe ungebremst auf unser Haus. Und die Herbst-, Winter- und Frühjahrsstürme kommen meistens aus Westen. Der Blick auf die Wetter-App prognostiziert Windgeschwindigkeiten von achtzig Stundenkilometern, möglicherweise auch neunzig und mehr. Auf Facebook lese ich, dass die Elektrofähre aufgrund des Sturms den Betrieb einstellen wird.

Ich gehe durchs Haus und checke, ob alle Fenster gut verschlossen sind. Dann nehme ich meine Regenjacke, gehe in den Stall und schnappe mir ein paar Taue. Schon jetzt weht es kräftig, daher drehe ich eine Runde ums Haus und binde sicherheitshalber die Stalltüren und Gartentore fest. Nicht dass sie während des Sturms auffliegen und irgendwas beschädigen.

Wir sitzen im Haus und lauschen dem Sturm, als es plötzlich an der Tür klopft. Es ist Birge, die Frau von Kai, unserem Tischler. Sie sagt nur trocken: »Vor eurer Einfahrt liegt ein Baum auf der Straße. Ich glaube, ihr solltet euch darum kümmern. Sonst fährt da noch jemand dagegen.« Dann dreht sie sich um und geht zügig davon. Ich ziehe mich an und laufe sofort zur Straße. Eine der großen Pappeln neben der Einfahrt ist auseinandergebrochen, und ein circa zehn Meter langer Stamm liegt quer auf der Straße.

Ich renne zurück ins Haus und suche die Nummer vom Redningskorps heraus. Das ist so etwas wie das Technische Hilfswerk, nur privat organisiert. Bis die Helfer kommen, bearbeite ich den Baumstamm schon einmal mit der Motorsäge und schaffe die Teile so gut es geht aus dem Weg. Zum Glück sind bei dem Wetter nur wenige Autos unterwegs. Wenn eins kommt, warne ich die Fahrer mit Handzeichen und leite sie vorsichtig am Baum vorbei. Dann endlich kommen die zwei Trucks des Redningskorps. Der eine hat einen gigantischen teleskopierbaren Sägekran auf der Ladefläche, der andere einen großen, offenen Container. Die Männer positionieren ihre Fahrzeuge und sichern die Straße. Das eigentliche Problem ist nicht der Teil des Baums, der schon umgestürzt ist, sondern der noch viel größere Rest, der noch steht. Der Stamm ist komplett morsch. Was folgt, erinnert an Szenen aus dem Film *Transformers*. Der Kran fährt einen Greifarm aus, der den Baum wie eine Hand packt und direkt darunter absägt. Der abgetrennte Teil kommt in den Container. Das Ganze wird so lange wiederholt, bis nur noch der große Stumpf übrig ist.

Für ihre schnelle Hilfe schenke ich den Männern zwei Flaschen Wein. Sie bedanken sich, und ich hoffe, dass unsere anderen Bäume dem Sturm standhalten.

Umbau

Wir lieben unsere Wohnung. Noch nie haben wir so schön gewohnt. Sie ist groß und die Aufteilung perfekt. Na ja, fast, denn wir haben kein richtiges Schlafzimmer. Im Moment steht das Doppelbett im Wohnzimmer, und das ist natürlich nicht optimal. Schon Johannes und Dorit hatten vor, den Dachboden über dem Wohnzimmer auszubauen, und sogar bereits eine Baugenehmigung erhalten. Wir lassen uns von Kai die alten Entwürfe zusenden und fragen ihn, ob er Zeit und Lust hätte, den Umbau zu übernehmen. Er kennt das Haus sehr gut, weil er auch an der großen Renovierung unserer Vorbesitzer beteiligt war. Damit ist er der ideale Mann für uns. Außerdem ist er ein wirklich guter Tischler und hat viele Jahre in Hamburg für vermögende Kunden Sonderanfertigungen gebaut. Sogar am Bau der Elbphilharmonie war er beteiligt. Bei uns ist die Herausforderung größer und das Budget kleiner. Es ist nämlich wahnsinnig schwierig, in so einem alten Haus Umbauten vorzunehmen, da keine einzige Wand gerade ist. Ganze zwei Tage ist Kai allein damit beschäftigt, mit einem Lasergerät Messungen durchzuführen, Markierungen zu machen und Sparren aufzudoppeln. Silvia und ich lassen ihm dabei völlig freie Hand. Das Einzige, was wir vorschlagen, ist die Position der Fenster. Bis Weihnachten soll alles fertig sein.

Miteinander wach sein

Der Plan steht. Jedenfalls grob. Mithilfe von Kai wollen wir einen Teil des Dachbodens über dem Wohnzimmer sanieren und zum Schlafzimmer umwandeln. Bisher steht unser Bett im Wohnzimmer. Wobei darin meistens nur Guido schläft. Ich selbst pendle zwischen den Betten in den Ferienwohnungen. Und nein, wir haben uns nicht auseinandergelebt, wir schlafen einfach nur gern getrennt. Außerdem bekommen wir so keine Sätze zu hören wie »Du liegst auf meiner Seite« oder »Du nimmst mir die Decke weg«. Wenn einer schnarcht, ist er weit genug entfernt. Auch eine zu lange brennende Leselampe stört mich nicht mehr. Wer soll uns denn bitte schön vorschreiben, dass ein 1,86 Meter großer Mann und eine 1,78 Meter große Frau zusammen in einem nur knapp zwei Meter breiten Bett schlafen müssen? Wer hatte die Idee, dass man so zur Ruhe kommt und glücklich ist? In unserer Kultur darf man in einer Partnerschaft alles allein machen. Man darf allein verreisen, allein frühstücken, allein duschen und allein Freunde treffen. Das geteilte »Ehebett« aber scheint noch immer heilig zu sein, ein Ding mit Symbolkraft für den Zustand der Beziehung. Für uns hingegen stehen getrennte Betten für Entscheidungsfreiheit. Wo will ich gerade sein? Wie viel Raum brauche ich für mich? Außerdem bedeuten zwei Betten ja nicht zwangsläufig, dass man nicht auch gemeinsam in einem Bett sein kann. Wenn beide es wollen.

Akkuschrauber

Von unseren drei Enkelkindern ist Vincent (3) das wildeste. Nichts ist vor ihm sicher: keine Fernbedienung, kein Kabel, keine Schublade. Alles muss genau inspiziert und ausprobiert werden – und ständig geht etwas kaputt. Nicht falsch verstehen. Vincent ist total lieb und sieht aus wie ein Engel, er ist halt einfach »technisch interessiert«.

Wir haben ihn für ein paar Tage mit nach Ærø genommen, bis Jule ihn am Wochenende wieder abholen wird. Neugierig schaut er mir in der Werkstatt zu, wie ich eine Lampe repariere, als der Koffer meines Akkuschraubers seine Aufmerksamkeit auf sich zieht. Es wird leise – ein untrügliches Zeichen, dass es spannend wird, nicht nur im Film, auch bei Vincent. Ich beobachte ihn, und als ich mir sicher bin, dass er den schwer zu knackenden Verschluss nicht aufbekommen wird, widme ich mich wieder der Lampe.

Doch plötzlich höre ich ein »Klack, klack« hinter meinem Rücken. Ich drehe mich um und sehe, wie er den Deckel des Koffers öffnet. Gerade noch rechtzeitig schaffe ich es, meine Hand auf den Deckel zu legen. Er lacht mich spitzbübisch an. Ich lache zurück und überlege, ob er das Wort »Akkuschrauber« wohl schon kennt. Langsam klappe ich den Deckel auf, um es herauszufinden: »Vincent, was ist das?«, frage ich ihn. Er schaut in den Koffer und sagt: »Das ist ein Traum, Opa. Ein Traum.« Man muss Vincent einfach lieben.

Ærø Vin

Wir fahren nach Marstal, um uns mit unserem dänischen Steuerberater Kim Jacobsen zu treffen. Marstal liegt dreißig Minuten entfernt am anderen Ende der Insel. Ich liebe diese Strecke. Bei der ganzen Arbeit auf dem Hof vergesse ich manchmal, dass ich auf einer Insel lebe. Umso mehr beglücken mich solche Ausflüge.

Wie immer haben wir einen ganzen Katalog an Fragen dabei. Kim spricht zu unserem Glück gut Deutsch, sodass wir auch für uns komplizierte Sachverhalte erfassen können. Nachdem wir alle möglichen steuerrechtlichen Angelegenheiten besprochen haben, geht es um unsere Marke: ÆRØ VIN. Wir wollen den Namen schützen lassen und fragen ihn, wie das in Dänemark funktioniert. Als Produzentin habe ich in Deutschland das Thema Markenschutz für unsere Filmprojekte stundenlang mit verschiedenen Rechtsanwälten beackert. Kim dagegen dreht sich zu seinem Computer und sagt locker: »Das machen wir genau jetzt!« Das gesamte Prozedere dauert nicht länger als zehn Minuten. Was bedeutet, dass unser Wunschname offensichtlich noch nicht vergeben ist. Jetzt müssen wir nur noch 24 Stunden warten, dann sollte die Bestätigung digital bei Guido eintreffen. So haben wir mal eben fast nebenbei ÆRØ VIN gegründet. Für uns kommt das auch einer Absichtserklärung gleich: Was wir da tun, ist kein Hobby. Wir meinen es ernst. Wir sind uns bewusst, dass es ein langer, steiniger Weg wird. Wir werden Fehler machen und daraus lernen. Wir werden erfahren, was es heißt, von der Natur abhängig zu sein, und wir werden es akzeptieren. Schweigend gehen wir zum Auto. Bevor wir einsteigen, schauen wir uns an und wissen: Wir schaffen es, weil wir es wollen.

Herzlich willkommen Greta

Guido und ich sprechen immer wieder darüber, dass Pablo eine Weggefährtin braucht. Eine neue Katze bedeutet natürlich mehr Arbeit. Kennenlernen, einleben, mit Pablo zusammenbringen und vor allem Verantwortung für viele Jahre. Aber es bedeutet auch Freude. Das lehrt uns Pablo seit einem Jahr. Im Grunde ist es auch irgendwie ein Tauschgeschäft. Wir versorgen und lieben Pablo, dafür hält er den Hof frei von Mäusen und Ratten.

Von Freunden haben wir erfahren, dass sie eine kleine Katze abzugeben haben. Wir besuchen sie und verlieben uns direkt. Sofort vereinbaren wir einen Termin, um sie zu uns zu holen. Wir verabreden einen Termin zur Abholung und planen unseren fünfjährigen Enkel Max mitzunehmen. Er freut sich schon sehr darauf, bei diesem besonderen Moment dabei zu sein. Und wir freuen uns über die Zeit mit Max. Er ist ein toller, kleiner Kerl. Wir lachen viel zusammen.

Max schläft abwechselnd bei Guido und bei mir im Bett, wo auch gefrühstückt wird. Das Wohnzimmer ist voller Legosteine. Max genießt die Zeit mit uns, weil er hier mal ganz allein im Mittelpunkt steht. Und weil wir mit ihm auch mal Dinge unternehmen, die er aus dem Alltag zu Hause nicht kennt. Das ist der Luxus in der Beziehung. Auch für uns. Großeltern zu sein macht Spaß. Alles kann, nichts muss.

Dann ist es so weit. Wir bereiten Pablos Katzentragetasche vor, machen sie sauber und legen ein kuscheliges Handtuch rein. Aufgeregt fahren wir zu unseren Freunden. Alles läuft völlig unkompliziert, selbst die Zusammenführung mit Pablo. Zwar scheint er zunächst ein wenig überfordert mit der jungen Katzendame, nimmt sich ihrer dann aber nach und nach an. Wir taufen sie Greta. Herzlich willkommen bei uns, liebe Greta.

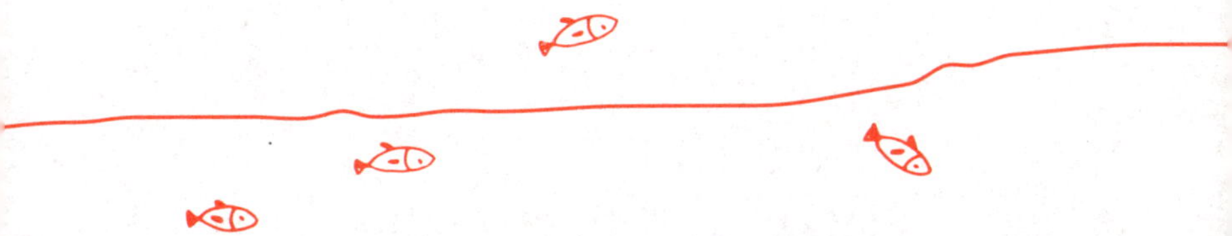

WINTER 2021/2022

Im Winter kommt auf Ærø alles zur Ruhe. Es ist die Zeit, um Kraft zu tanken und Beziehungen zu pflegen. Unser letzter Winter war geprägt von der Magie des Neuen. In diesem Jahr freuen wir uns darauf, die Dinge zu erledigen, die liegen geblieben sind, das erste Jahr zu reflektieren und das nächste mit Sorgfalt zu planen. Wird es ein harter Winter werden, mit viel Schnee und starken Stürmen?

Viele erste Male

Ein Jahr auf der Insel. Ein Jahr mit vielen ersten Malen. Das erste Mal Feriengäste unterbringen. Das erste Mal Feuer machen im Garten. Das erste Mal in der dänischen Südsee baden. Das erste Mal der Kreislauf von Saat und Ernte. Das erste Mal Äpfel, Birnen, Feigen und Kirschen von eigenen Bäumen verarbeiten. Das erste Mal wahrhaft verstehen, dass wir uns in einem Austausch mit der Natur befinden – wir geben, um zu bekommen.

Die ersten Stürme auf der Insel und die Erfahrung, wie es sich anfühlt, wenn das Haus brummt und bebt. Die Jahreszeiten, die ich auf der Insel viel stärker als das Vergehen von Zeit wahrnehme. Der Spiegel dafür im Kreislauf der Natur – Wachsen und Reifen, Vergänglichkeit und Erneuerung. Zu sehen, was auf unserem Land passiert, wie es sich verändert. All die Tiere zu beobachten, die bei uns Unterschlupf, Ruhe und Nahrung finden. Die Schweinswale im Meer und die Seeadler in der Luft. Die Entdeckung eines anderen Gefühls für das Leben.

Ein Jahr voller Neugier und Fragen über Fragen. Aber auch ein Jahr voller Antworten, Ermutigung und mit der Erkenntnis, dass Fehler dazugehören und uns weiterbringen. Ein volles Jahr. Ein glückliches Jahr. Guido und ich in unseren neuen Rollen. Unsere Familie und Freunde, die mehr und mehr verstehen, dass wir es ernst meinen. Besuche von lieben Menschen, die neugierig sind auf unser neues Zuhause. Das Ankommen auf der Insel, und neue Freunde, mit denen uns der Mut zur Veränderung verbindet.

Geburtstagsanrufe

Es ist mein Geburtstag – der zweite auf der Insel. Silvia überrascht mich mit einem tollen Geburtstagstisch und leckerem, selbst gebackenem Kuchen. Wir fläzen ein wenig herum. Heute Abend sind wir auf eine Feier eingeladen. Das Schöne am Winter auf Ærø ist, dass es nicht so viel zu tun gibt. Draußen ist es lange dunkel, im Haus ist es gemütlich. Oft ist es morgens einer meiner ersten Handgriffe, im Kamin ein Feuer zu machen.

Mein Handy klingelt. Es ist Felix, ein alter Freund und einer meiner liebsten Kameramänner. Mit ihm zusammen habe ich ein paar schöne Werbefilme gedreht, aber das ist schon einige Jahre her. Er hat von einem Kollegen gehört, dass wir auf Ærø leben, und ist total begeistert. Es sprudelt nur so aus ihm heraus. Er erzählt, dass seine erste Frau Dänin sei, wie sehr er Dänemark liebe und dass es sein Lebenstraum sei, auf Lyø, einer Nachbarinsel von Ærø, zu wohnen. Dann will er alles über uns wissen. Seit wann wir hier leben, was wir hier machen, und vor allem, wie es Silvia und mir geht. Ich gebe ihm eine Expressversion der vergangenen anderthalb Jahre und ende damit, dass ich sage: »Außerdem bauen wir auch ein bisschen Wein an.«

Ein wenig perplex fragt Felix nach: »Du weißt schon, dass ich gelernter Winzer bin, oder?«

Ich flippe total aus: »Wie bitte? Was?« Wie auf Knopfdruck läuft ein Film in meinem Kopf ab, mit Felix als mein Kellermeister. Auf einmal dreht sich das Gespräch nur noch um Wein. Welche Rebsorten? Wie viel Hektar? Wie sieht das Grundstück aus? Wie der Boden? Er will alles haargenau wissen. Ich erzähle ihm, was wir vorhaben, und er ist Feuer und Flamme. Das sei eine richtig gute Idee, sagt er, davon sei er absolut überzeugt. Und er will uns besuchen. So schnell es geht.

Ich bekomme noch viele weitere Geburtstagsanrufe an diesem Tag. Unsere Kinder, meine Eltern, meine Schwester und einige Freunde melden sich mit Glückwünschen. Es ist komisch, aber irgendwie genieße ich diese Anrufe mehr als früher. Auch merke ich, dass ich meine Freunde vermisse. Bevor wir nach Dänemark ausgewandert sind, habe ich zu viel Zeit in meinen Beruf investiert, das wird mir mehr und mehr klar. Die Geschichten unserer Filmprotagonisten waren mir manchmal ungewollt wichtiger als meine eigene. Ich nehme mir vor, im kommenden Jahr ein besserer Freund zu sein – alten Freunden gegenüber und hoffentlich auch ein paar neuen.

Heimatgedanken

Ich bin ein Großstadtkind durch und durch. In Hamburg geboren und aufgewachsen. Hamburg ist meine Heimat. Die schönste Stadt Deutschlands. Das Tor zur Welt. Meine Kindheit habe ich auf den Straßen von Barmbek verbracht, einem typischen Arbeiterstadtteil. Ich gehöre zur Generation der Babyboomer, das heißt, es waren immer und überall Nachbarskinder zum Spielen. Man brauchte sich nicht einmal zu verabreden, sondern ging einfach auf die Straße, und sofort konnte man bei irgendetwas mitmachen. Mit meinen Freunden spielte ich meistens Fußball oder »Ball gegen die Wand«, wenn Mädchen dabei waren, »Halli-Hallo« oder Gummitwist. Wir fuhren mit unseren Bonanza-Rädern durch die Nachbarschaft und den nahe gelegenen Stadtpark. Ich kannte jeden Hauseingang, jeden Kletterbaum, jedes Versteck, jede Abkürzung – gefühlt jeden Zentimeter in meiner Nachbarschaft. In der Jugend wurde der Wirkungskreis größer. Man traute sich das erste Mal auf den Kiez, ging in Discos und regelmäßig in die großen Kinos der Innenstadt.

Ich habe es immer geliebt, aus dem Urlaub oder später als Erwachsener von Geschäftsreisen nach Hause zu kommen. Im Landeanflug fand ich Hamburg genauso beeindruckend wie am Boden. Die Alster, die Elbbrücken, der Hafen … Für mich war Hamburg die einzige Stadt, die wirklich etwas hat.

Wenn ich jetzt nach Hamburg fahre, höre ich vor allem Lärm, sehe hektische Menschen und Autos ohne Ende. Dann frage ich mich: Wozu braucht man sechsspurige Straßen? Warum ist eigentlich alles zubetoniert? Wo sind die Bäume und Blumen? Schon krass, wie schnell und wie stark sich mein Blick auf mein altes Zuhause verändert hat. Klar gibt es immer noch die schönen und besonderen Orte. Hamburg ist lebendig, bietet Vielfalt, Kultur und Gastronomie. Vieles ist aber auch einfach nur krank und kaputt. Oder schlicht hässlich. Wie in jeder Großstadt. Früher habe ich darüber hinweggesehen, Dinge, die mich gestört haben, freundlich ignoriert. Heute funktioniert das bei mir nicht mehr. Mein Zuhause ist jetzt Ærø.

Vandalismus

Bis jetzt gefällt mir der Winter ganz gut. Silvia und ich haben viel mehr Zeit miteinander und füreinander. Aber natürlich arbeiten wir auch. Die Ferienwohnungen werden verschönert und Wände gestrichen. Auf dem Grundstück ist auch einiges zu reparieren, und ständig machen wir uns Gedanken, wie die Reben ihren ersten Frost wohl überstehen werden.

Als Silvia und ich einen unserer Rundgänge machen, fällt uns plötzlich auf, dass eine Solaris-Rebe kurz über dem Boden durchgeschnitten ist. Ich frage mich, wie mir das passieren konnte. Aber dann entdecken wir noch eine durchtrennte Rebe. Und noch eine. Insgesamt sind von den 120 Reben bestimmt vierzig beschädigt. Wut steigt in mir auf. Wer macht so was? Silvia meint, dass es auch ein Tier gewesen sein könnte, aber dafür finde ich den Schnitt zu perfekt. Meine Laune ist auf dem Tiefpunkt. Ich rufe Roger in der Pfalz an und erzähle ihm, was passiert ist. Ich schicke ihm ein Foto – und tatsächlich bestätigt er Silvias Theorie: Hasen. Roger erklärt mir, dass die putzigen Feldbewohner alles anknabbern, was schmecken könnte, weil es kaum noch frisches Grün zu fressen gibt. Und auch wenn Reben nicht gerade ihre Leibspeise sind, probieren sie sie halt immer wieder aus. Die Lösung ist zum Glück relativ einfach: Wir müssen uns Rebschutzhüllen besorgen.

Zum Schluss beruhigt Roger mich noch. Wenn die Reben gut angewachsen sind, dann treiben sie im Frühjahr trotz der Schäden wieder neu aus. Die Hasen haben uns also eigentlich nur beim notwendigen Winterschnitt geholfen.

Naturgewalt

Draußen ist es windig. Sehr windig. Der schlimmste Sturm seit zehn Jahren, heißt es in den dänischen Nachrichten. In bin allein auf dem Hof. Silvia ist in Hamburg.

Im Internet informiere ich mich über die Windstärke, die Stärke der Sturmböen, die Windrichtung, die Uhrzeit, wann es am schlimmsten wird, und über die voraussichtliche Dauer. Windgeschwindigkeiten von mehr als hundert Stundenkilometern werden befürchtet. Mit orkanartigen Böen. Das ist deutlich mehr als bei dem Sturm, der die Pappel auf die Straße geworfen hat. Am Telefon wundert sich Silvia, dass ich mir Sorgen mache, aber das tue ich tatsächlich. Vor solchen Naturgewalten habe ich absoluten Respekt. Sie sagt: »Das Haus ist so alt, das hat schon Schlimmeres überstanden.«

Ich mache das Haus sturmsicher – so gut es eben geht. Ich kontrolliere die Fenster, binde die Türen fest und bringe alles, was draußen umherfliegen könnte, in den Stall. Währenddessen wird der Sturm von Minute zu Minute stärker. Die extraschweren Dachziegel auf der Südseite des Hauses fangen an zu klappern. Die große Fensterscheibe im Wohnzimmer biegt sich unter der Kraft, die von außen auf sie drückt. Ich suche noch schnell die Nummern von Feuerwehr, Redningskorps und Polizei heraus, dann lege ich mich ins Bett. Doch an Schlaf ist nicht zu denken. Das Haus macht Geräusche, wie ich sie noch nie gehört habe. Es grummelt wie ein riesiges Monster, das sich dem Wind entgegenstemmt.

Es stürmt die ganze Nacht. Auch am nächsten Morgen ist es noch nicht vorbei. Ich füttere die Katzen, die das alles anscheinend gar nicht interessiert, und inspiziere den Hof. Bis auf ein bisschen Reet, dass der Wind herausgesaugt hat, hat das Dach nichts abbekommen. Ein paar kleinere Bäume sind umgeknickt, und im Gemüsegarten ist die Plastikfolie des Komposthaufens zerfetzt.

Zum ersten Mal auf Ærø. Wir sind voller Vorfreude auf das größte Abenteuer unseres Lebens.

Silvia liebt den Gemüsegarten des Biohofs.

Der erste Eindruck vom Innenhof begeistert uns.

Das Haus ist hell und freundlich.

Unser erster Sonnenuntergang am Vester Strand.

Auf Augenhöhe mit den Schafen vom Søbygård

Die wunderschöne Steilküste von Voderup Klint.

Auf dem Leuchtturm von Skjoldnæs.

Kürbisernte.

Dauergrinsen auf dem Rückweg nach Hamburg.

Sprung
ins Glück.

Die Badehäuschen am Vester Strand von Ærøskøbing.

Sonnenuntergang am Vitsø.

Wir lieben die Spaziergänge am Vitsø.

Reparatur des Reetdachs
nach dem ersten Herbststurm.

Fundstück im
Gemüsegarten.

Gute Laune beim Renovieren.

Blick vom Wikingerhügel über die verschneite Insel.

Die zugefrorene Ostsee am Hafen von Ærøskøbing.

Winter auf dem Biohof.

Aus der Ruine
des Schweinestalls
entsteht unsere
Terrasse.

Osterfeuer bei den
neuen Nachbarn.

Die erste
Erdbeerernte.

Die Reben warten in der Badewanne auf ihren Einsatz.

Bodenanalyse und das Pflanzen der ersten Reben.

Auf einem Teil der Pferdeweide entsteht unser Wein-Testfeld.

Rohkostsalat aus frischer Ernte.

Die Terrasse ist
unser neuer
Lieblingsort.

Der Blick
aus unserem
Wohnzimmer-
fenster.

Erdbeeren, Kartoffeln, Bohnen – erste Erfolge
im Gemüsegarten.

Aus der Erde direkt in den Mund.

Die Weinreben auf dem Testfeld sind gut gewachsen.

Der Herbst auf Ærø hat viele Stimmungen.

Selbst ist die Frau beim Freischneiden der Zäune.

Abschied vom Sommer – das letzte Bad in der Ostsee.

Abendspaziergang mit Kater Pablo.

Entwurf für das Etikett unseres Unterstützer-Weins.

Märchenstimmung am Søbygård.

Unsere morgendliche Laufrunde führt vorbei an der Vester Mølle und dem Vitsø.

Katze Greta und Kater Pablo.

Ein Herbststurm hat den alten Hühnerstall zerstört.

Einer der schönsten Strandspaziergänge führt am Næbbet entlang bis zum Golfplatz.

Überall Pflanzen –
Anzucht im ehemaligen Yogastudio
und Reben in der Badewanne.

Silvia im Kampf mit der Nibbi.

Silvia am Voderup Klint.

Ein Weinberg
für Ærø.

Der Innenhof nach der Umgestaltung

Willkommen
bei ÆRØ VIN.

Ærøs Bürgermeister
kommt zur Eröffnung
des Weinbergs.

Am Strand von Eriks Hale in Marstal.

Üppige Ernte für den ersten eigenen Apfelsaft.

Ernten macht glücklich.

Unsere erste Veranstaltung auf dem Weinberg.

Auch die klirrende
Kälte ist wunderschön.

Der Tag geht zu Ende – unser Abenteuer geht weiter.

Ansonsten ist alles heil geblieben. Andere auf der Insel sind nicht ganz so glimpflich davongekommen. Auf Facebook erfahre ich, dass bei einem Bekannten ein Gerüst eingestürzt ist. Und bei Diana, unserer lieben Putzfrau, ist der gesamte Pferdeunterstand weggeflogen.

Ukrainekrieg

Seit heute Früh gibt es wieder Krieg in Europa. Zum Glück kenne ich Krieg nur aus Erzählungen meiner Großeltern und Eltern. An der Uni habe ich mal eine Hausarbeit über die journalistische Berichterstattung während des Ersten Irakkrieges geschrieben. Davon ist mir das Zitat »Im Krieg ist die Wahrheit das erste Opfer« in Erinnerung geblieben.

Silvia und ich setzen uns zusammen und diskutieren, was unsere Rolle innerhalb der Familie ist. Welche Bedrohungen und Risiken für unsere Familie in Hamburg und Heidelberg bestehen. Und auch für uns auf Ærø. Was wäre der sicherste Ort für uns alle?

Jule meldet sich bei uns. Sie macht sich große Sorgen. Sie befürchtet einen Dritten Weltkrieg. Am liebsten würde sie sofort die Kinder nehmen und auswandern. Ich versuche, sie zu beruhigen, indem ich ein paar Gründe erfinde, warum es so schnell nicht zu einem Weltkrieg kommen wird. Aber was weiß ich denn schon? Nur, dass Panik selten hilft. Wir beschließen, am Abend eine Telefonkonferenz mit Jule, Simon und Elliot zu machen. Ich schreibe auch meiner Schwester und rufe meine Eltern an. Alle sind in Sorge.

Ich fange an zu recherchieren. Über Dänemarks Rolle im Zweiten Weltkrieg weiß ich nur, dass es sehr schnell von den Deutschen besetzt wurde. Ich schaue mir die Landkarte von Europa an. Wo genau liegt die Ukraine überhaupt? Wie viele Kilometer sind es von Kiew bis Hamburg? Und bis Ærø? Putin wird sich wohl kaum für eine kleine dänische Insel interessieren, denke ich noch, nur um dann zu lesen, dass Bornholm strategisch enorm wichtig ist. Kurz vor dem Ende des Zweiten Weltkrieges wurde die Insel sogar von der Sowjetunion besetzt. Und wo fahren wohl die ganzen Kriegsschiffe und U-Boote lang, wenn es hart auf hart kommt?

Der russische Überfall auf die Ukraine wird in Europa vieles verändern, so viel ist sicher. Was genau, weiß ich natürlich nicht. Weiß niemand zu diesem Zeitpunkt. Es sind schwere Gedanken, von denen ich nicht gedacht habe, sie einmal denken zu müssen.

FRÜHJAHR 2022

Erst sind es nur ein paar zarte Blattknospen an den Sträuchern und Bäumen, dann folgen Krokusse und andere Frühblüher. Es besteht kein Zweifel – der Frühling ist da. Die Temperaturen steigen schnell, und schon Ende März können wir für ein paar Minuten im T-Shirt die Sonnenstrahlen genießen. Es ist die Zeit, in der die Bewohner der Insel ihre Gärten und Häuser herausputzen. Es wird gefegt und gemalt, Hecken werden geschnitten und Rasen gemäht. Auch wir bereiten uns auf die Saison vor. Es ist unsere zweite auf der Insel, und wir sind gespannt, was alles passieren wird.

Den Hof gestalten

Die Liebe zu unserem Hof hat unbedingt mit dem Innenhof zu tun. Stockrosen säumen die unebenen Steine und bewegen sich vor den schönen dänischen Sprossenfenstern hin und her. Das Blau der alten Stalltüren ist verwaschen und strahlt etwas Heimeliges aus.

Doch die Optik ist das eine, das andere ist die Alltagstauglichkeit. Das ist genau wie bei der Partnerwahl. Nur schön reicht halt nicht auf Dauer. Dass die Steine uneben in den Boden eingelassen wurden, sei Absicht gewesen, hat uns Johannes erklärt. Bei unserem Hof handelt es sich nämlich um eine ehemalige Schlichtungsstelle. Dort sollte man schon vor der Tür in seiner möglichen Wut im wahrsten Sinne des Wortes geerdet werden. Im Alltag ist das natürlich weniger praktisch. Wenn ich etwa mit Flip-Flops in den Gemüsegarten möchte, muss ich sehr aufmerksam über den Innenhof gehen, um nicht zu stürzen. Neben der ständigen Gefahr des Umknickens und Ausrutschens bei Nässe stehen wir gefühlt wöchentlich vor der Aufgabe, das Gras zwischen den Steinen herausrupfen zu müssen. Ansonsten würde der Innenhof schnell aussehen wie ein verwilderter Garten.

Deshalb machen wir uns auf die Suche nach jemandem, der uns helfen kann. Der Maurermeister Rasmus wird uns empfohlen, ein junger, tatkräftiger Kerl mit eigener Firma. Er besichtigt den Hof, hört sich unsere Ideen an und berät uns. Es dauert nicht lange, und die Umgestaltung des Innenhofs beginnt. Er wird aufgeschüttet und mit schönem Kies bedeckt. Ich bin begeistert. Alles wirkt plötzlich viel aufgeräumter, übersichtlicher, strukturierter. Außerdem baut Rasmus uns auf der linken Seite der Einfahrt eine Backsteinmauer, rund sechs Meter lang und knapp zwei Meter hoch. Davon träume ich, seit wir vergangenen Sommer das dänische Weingut Glenholm besichtigt haben. Die Mauer wird weiß gestrichen und soll später ein großes Schild tragen: »ÆRØ VIN«.

Ich stehe unten am Fähranleger und warte. Die Sonne strahlt, und die schneeweiße *Ellen* ist schon kurz vor der Hafeneinfahrt. Auf dem Oberdeck sehe ich einen Mann mit schwarzem Parka und Schiebermütze mit beiden Armen winken. Hätte er gar nicht machen müssen. Felix verschmitztes Grinsen erkenne ich auf hundert Meter Entfernung. Als er von der Fähre geht, trägt er in der einen Hand eine Tasche und in der anderen sein englisches Faltrad. Er ist mit der Bahn nach Flensburg und dann mit dem Rad bis zum Hafen in Fynshav gefahren. 55 Kilometer, bei Gegenwind. Respekt. Das hat bisher noch keiner unserer Gäste gemacht. Aber so ist Felix. Er macht alles ein bisschen anders, und das ist interessant. Wir umarmen uns herzlich. Es fühlt sich überhaupt nicht so an, als hätten wir uns zwei Jahre nicht gesehen. Ich freue mich schon sehr, ihm die Insel und unser neues Leben zu zeigen. Er antwortet darauf aber nur: »Hand gegen Koje. Ich bin zum Arbeiten hier!« Und tatsächlich haben wir uns viel vorgenommen. An diesem Wochenende werden die Pfosten, Pflanzstäbe, Erdanker, Spanndrähte und jede Menge weiteres Zubehör geliefert. Über eine Tonne Material. Außerdem wollen wir den Weinberg vermessen und genau festlegen, wo die neuen Spaliere stehen sollen.

Auch Silvia freut sich auf Felix und hat für ihn die große Ferienwohnung vorbereitet. Am Hof angekommen, gibt es eine freudige Begrüßung. Silvia zeigt ihm das Haus, und danach gehen wir über das Grundstück. Felix schaut sich alles sehr interessiert an, spricht sehr schnell, stellt unzählige Fragen und macht viele Vorschläge. So kenne ich ihn von der Arbeit am Filmset.

Am Abend kochen wir zusammen und trinken dazu Pfälzer Wein. Silvia will wissen, wie es Felix geht, ich möchte über den

Weinberg sprechen, und Felix wechselt ständig das Thema. Irgendwann ist Silvia müde und zieht sich zurück. Felix und ich bleiben noch etwas sitzen und unterhalten uns über Werbung, Geld verdienen und darüber, wie krank das ganze Mediensystem ist. Irgendwann fallen auch mir die Augen zu, und wir gehen schlafen.

Obwohl Felix etwas älter ist als wir, hat er eine unglaubliche Energie. Man merkt, dass er da ist. Vor dem Frühstück meditiert er meist oder lernt eine Sprache oder beides gleichzeitig. Er ist Buddhist und sein gutes Karma breitet sich in unserem Haus aus. Mal riecht es nach einem besonderen Duft, mal liegt eine Gebetskette von ihm herum.

Für Sonntag ist das Material für den Weinberg angekündigt. Außerdem müssen wir einen Berg großer Äste häckseln. Ich habe ein paar Freunde zum Helfen organisiert. Luca kommt mit seinem Trecker, an dem hinten ein riesiger Häcksler befestigt ist. Er wird über eine Zapfwelle vom Motor des Treckers angetrieben. Genau die Dimension, die wir heute brauchen.

Dann kommt der Laster mit dem Material. Wir verladen es auf einen Anhänger. Alles ist unfassbar schwer. Die Pfosten sind zu Bündeln à zwanzig Stück zusammengebunden. Zu zweit kann man sie gerade so tragen. Alle packen kräftig mit an.

Als alles erledigt ist und die Helfer sich verabschiedet haben, will Felix eigentlich nur noch kurz die kleinen Äste fertig machen. Doch erst als es dunkel ist, kommt er rein. Ich schimpfe ein wenig mit ihm. Dann erzählt er mir von seiner Ausbildung zum Winzer, und warum er damals aufgehört hat. In erster Linie war es wohl ein Aufstand gegen seinen Vater und die erzkonservativen Traditionen.

Die nächsten Tage arbeiten wir im Garten und vermessen den Weinberg. Dabei sprechen wir unheimlich viel miteinander.

Am darauffolgenden Sonntag fahren Felix und ich mit den Fahrrädern zum Leuchtturm. Es ist mild und die Sonne scheint. Wir trinken ein Bier, schauen auf die Ostsee und haben eine gute Zeit. Zur Rebpflanzung im Mai will Felix wiederkommen.

Übertreibung

Das vergangene Jahr war für mich das Jahr des Beobachtens und des Lernens. Unser Motto »Wir können nichts falsch machen, weil wir nicht wissen, was wir tun« passt nun nicht mehr wirklich. Dieses Jahr ist deshalb das Jahr des Ausprobierens und des Übertreibens. Ich möchte gern viel zu viel von allem machen, damit auch möglichst viel schiefgehen kann. Meine vielleicht etwas komische Logik dahinter: Wenn ich mit Ansage übertreibe, lerne ich, wo es zu viel ist und wo die Grenzen sind. Das Ziel ist also, das richtige Maß für das nächste Jahr zu finden.

Im vergangenen Jahr haben Elliots Freunde die Anzucht des Gemüses vorbereitet, dieses Jahr soll das mein Steckenpferd werden. Anfang März fange ich mit der Anzucht von Tomaten an. Thea, Elliot und Silvia helfen mit. Wir haben Saatgut für 200 Pflanzen. Großartige, völlig verschiedene Sorten, große, kleine, rote, grüne, gelbe, gestreifte. Ich bin gespannt, wie viele ich so weit bringe, dass sie in den Gemüsegarten umsiedeln können. Außerdem habe ich jede Menge Kräuter-Saatgut bestellt. Manches davon habe ich noch nie gegessen, Mutterkraut zum Beispiel. Damit alles Platz hat, räumen wir die Dachfenster im Yogastudio frei. Die Anzuchtplatten kommen auf die Fensterbänke und auf drei große Biertische, die wir vor die Fenster stellen.

Bis sich die ersten grünen Triebe zeigen, entwerfen Silvia und ich die Pläne für die Beete. Ich suche meine Notizen und Handyvideos vom vergangenen Jahr heraus, damit ich die Fruchtfolge einhalte.

Dafür gibt es auch verschiedene Apps. Ich probiere sie aus, entscheide mich dann aber doch für eine einfache Exceltabelle. Direkt in die Beete säen wir Radieschen, Karotten und Mangold.

Nach zehn Tagen dann der erste Erfolg der Übertreibung. Gefühlt haben alle 200 Tomatensamen gekeimt. Das wirft allerdings auch ein Problem auf: Was, um Himmels willen, mache ich denn mit 200 Tomatenpflanzen? Vielleicht sollte ich das Motto doch noch mal überdenken.

Pendeln zwischen den Welten

Die Verbindung meiner beiden Welten Hamburg und Ærø ist die Autobahn A7 und die Elektrofähre *Ellen* von Fynshav nach Søby. Ich fühle keinen Stress, da ich die Strecke nicht täglich zurücklegen muss und nie unter Zeitdruck stehe. Außerdem fahre ich gern, wenn nicht so viele andere unterwegs sind. Sonntagmorgens zum Beispiel, wenn die meisten Menschen noch schlafen. Ich liebe leere Straßen. Meine Taschen sind schnell gepackt, und manchmal bin ich so entspannt unterwegs, dass alle anderen schon an Bord sind und ich mit dem Auto direkt von der Straße auf die Fähre gewunken werde.

Wenn ich dann allerdings in Hamburg bin, ist mein Kalender stets vollgepackt. Berufliche Termine, Freunde, Familie und alles, was so ein Großstadtleben halt ausmacht. Während die Insel für mich Natur und mittlerweile auch mein Zuhause ist. Ich bin dankbar, dass ich beide Welten in meinem Leben haben darf.

Die Autofahrt nutze ich meist, um nachzudenken. Ich höre Musik, und manchmal singe ich laut mit. Mein Handy ist aus, ich bin nicht zu erreichen. Das genieße ich sehr. Nicht mit jemand anderem sprechen müssen – Quality Time nur mit mir.

Inzwischen irritiert mich das Leben in der Stadt. Die Menschen gehen schnell und schauen sich nicht an. Jeder interessiert sich nur für sich. Auf der Insel ist das anders. Man grüßt sich lächelnd als Fußgänger und sogar von Auto zu Auto. Außerdem ist Corona in Hamburg viel sichtbarer. Überall sieht man Gesichter mit Masken. Auf der Insel gibt es einfach viel weniger Menschen, da sticht das nicht so ins Auge. Überhaupt hat Dänemark bereits im Februar alle Einschränkungen infolge der Pandemie aufgehoben. Dänemark hat eine bessere Datenerfassung und den Kurs in der Corona-Politik sehr transparent kommuniziert. Auch deshalb, denke ich, sind die Menschen in Dänemark zuversichtlicher und weniger verängstigt.

Überall Reben

Guido plant die nächsten Schritte. Wo soll der Wein hin? Welche Sorten und wie viele Reben? Er freut sich sehr darauf. Ich weiß noch nicht genau, wie ich dazu stehe. Ich habe riesigen Respekt vor dieser Aufgabe. Lernen kann man alles. Aber was ist mit der körperlichen Herausforderung? Reben pflanzt und pflegt man nicht im Stehen. Hunderte von Pflanzstäben und Weinbergpfosten müssen in die Erde gerammt werden. Der Erdboden muss vorbereitet werden. Dafür brauchen wir definitiv Unterstützung. Menschen, die uns helfen, die auch Teil dieses Projekts sein möchten.

Was wir auch noch überhaupt nicht einschätzen können, ist, was die Natur hier auf der Insel mit den Reben machen wird. Wie ordnet sich der Wein in den Lauf der Natur ein? Wie werden die Tiere, die Hasen und Rehe, die auf unserem Land leben, darauf reagieren? Lassen sie unsere Reben in Ruhe wachsen?

Guido hat die nächsten 850 Reben bei der Rebschule Freytag geordert und abgeholt. Die Idee ist, dass wir die ersten Reben noch vor der Eröffnung von ÆRØ VIN einpflanzen und den Rest dann mithilfe der Gäste in den Boden bringen. Erst einmal jedoch landen sie in unserer Badewanne, um die Zeit zu überbrücken. Sie bleiben dann aber doch länger in der Wanne als geplant, da wir erst später mit dem Einpflanzen beginnen können. Guido ist nervös, weil die Reben in der Wärme schon anfangen auszutreiben. Ich bin genervt, weil sie mich im Badezimmer stören. Überhaupt steht, wohin man auch blickt, Zeug für draußen rum. Die Reben in unserem Bad, die Anzucht auf den Fensterbänken, im Bad der kleinen Ferienwohnung und auf drei Tischen im Yogastudio. Ich kann es nicht erwarten, dass wir alles raus und in die Erde bringen. Ich träume von einem richtigen Gewächshaus. Aber das ist ein neues Projekt für die kommenden Jahre.

Weinberg

Ich bin ungeduldig. Wir müssen dringend mit der Rebpflanzung beginnen. Jetzt. Sofort. Ich kann nicht länger warten. Eigentlich wollte Felix schon seit ein paar Tagen hier sein, aber auf einem Dreh hat er sich mit Corona angesteckt. Stattdessen sind Silvia und ich allein auf dem Weinberg. Später wollen noch ein paar Freunde dazukommen und helfen. Ich hole die ersten zwei Zwanziger-Bündel Solaris aus der Badewanne und packe sie in einen Plastikeimer. Sie treiben schon aus. Das ist nicht so gut.

Vierzig Stück sollten wir heute locker schaffen. Damit es schneller geht als letztes Jahr auf dem Testfeld habe ich mir von Kai einen Erdbohrer ausgeliehen. Das Teil ist knapp zwanzig Kilo schwer und mit Motor etwa einen Meter hoch. Ich starte den Bohrer und bleibe schon nach zehn Zentimetern stecken. Ein großer Stein. Da muss der Spaten ran. Das nächste Loch, und wieder bleibe ich stecken. Boah. Ich bin genervt. Genervt von mir selbst, weil ich nicht besser vorbereitet bin. Das scheint System zu haben. Ich habe das Feld vorher extra mit einem Trecker pflügen und fräsen lassen, damit die Steine an die Oberfläche kommen und die

Erde schön locker ist. Und trotzdem steht uns jetzt bevor, mehr als 800 Löcher mit dem Spaten graben zu müssen. Profis machen so was halb automatisiert mit einer Pflanzmaschine, die schaffen 800 Reben in einer Stunde. Wir werden Wochen brauchen, wenn uns nichts einfällt.

Aber vom Rumstehen und Diskutieren wird es nicht besser. Also los. Anja und Stefan sind inzwischen gekommen. Sie sind wirklich auf die Insel gezogen und leben in einem Nachbarort nur zwei Kilometer von uns entfernt. Die Männer buddeln die Löcher, die Frauen pflanzen die Reben, wässern und schütten die Löcher wieder zu. Irgendwann will Stefan es doch noch mal mit dem Bohrer versuchen. Er setzt an, und zehn Sekunden später hat er ein perfektes Loch. Das kann doch nicht wahr sein. Hatte ich einfach nur Pech? Oder war es Unvermögen? Wie auch immer, ab jetzt geht es wesentlich schneller. Am Ende des Tages haben wir die ganze erste Reihe – also 85 Reben – in der Erde, und es besteht die begründete Hoffnung, dass wir noch schneller werden.

Unterstützung

Endlich ist Felix wieder da. Zehn Tage will er bleiben und uns auch bei der Eröffnung unterstützen. Es beruhigt mich, Felix an meiner Seite zu haben. Ich gehe mit ihm auf den Weinberg und zeige ihm, wie weit wir schon gekommen sind. Ihm fällt auf, dass die Reihen nicht exakt gerade sind. »Das ist ein Biohof«, sage ich, »da muss nicht alles gerade sein.« Ein Problem ist es aber trotzdem, weil wir nicht genau gemessen haben, stehen die Reben nicht in einer Flucht. Die erste Reihe haben wir oben begonnen und die Abstände mit einer Ein-Meter-Messlatte festgelegt. Die zweite Reihe haben wir dann unten begonnen und dabei mit einem Maßband gemessen. Ergebnis: In der ersten Reihe stehen 85 Pflanzen, in der zweiten 86. Die schöne Symmetrie von Weinbergen, die sich durch das exakte Pflanzen der Reben ergibt, haben wir schon gleich zu Anfang verloren. Wir können es nicht fassen und zählen noch mal. Und noch mal. Doch das Ergebnis bleibt dasselbe. Ich verstehe nicht, wie es dazu kommen konnte. Bis ich meine Messlatte kontrolliere. Und die ist nicht genau ein Meter lang, sondern 100,8 Zentimeter. Auf einer Strecke von 85 Metern macht das fast einen Meter aus – also eine Rebe. Was tun? Die anderen Reihen scheinen in Ordnung zu sein, oder es fehlen noch Reben, sodass wir noch Anpassungen vornehmen können.

Volles Haus

Noch zwei Tage bis zur Eröffnung des Weinbergs. Unser Haus ist voll und der Parkplatz auch. Freunde aus Hamburg und Bremen sind gekommen, um uns bei den Vorbereitungen für die Eröffnung des Weinbergs zu unterstützen. Joanna und Carsten haben ihr Auto mit Dachzelt neben dem Wohnmobil von Jan geparkt, der mit seiner kleinen Tochter Hannah angereist ist. Wir pflanzen Reben, bauen Staketentore auf, schleppen Holztische auf den Weinberg und putzen das gesamte Grundstück heraus. Felix ist vom Weinberg überhaupt nicht wegzukriegen, mit viel Hingabe setzt er eine Rebe nach der anderen. Die einstige Pferdeweide sieht jetzt ein bisschen wie eine Mondlandschaft aus. Aber das wird sich schnell wieder ändern.

Am Nachmittag des 20. Mai montiere ich mit Felix das ÆRØVIN-Schild an die weiße Mauer – genau so, wie Silvia es sich vorgestellt hat. Es sieht super aus, ein richtiger Hingucker. Dazu stellen wir noch ein großes Weinfass an die Straße, damit die Auto- und Radfahrer die Einfahrt zu unserem zukünftigen Weingut schon von Weitem sehen können.

Am Abend vor der Eröffnung testen wir den Pizzaofen, der am Vortag geliefert wurde. Er ist perfekt. Wir probieren verschiedene Eigenkreationen aus, bis nichts mehr in uns reinpasst. Die Favoriten sind Pizza Bianca, Gorgonzola mit Rucola aus unserem Garten und Margherita mit gelben Tomaten. Dazu tüftelt Carsten leckere Soßen aus. Alle sind irgendwie sehr cool. Aber bei Silvia und mir steigt die Spannung, fast wie vor einer Filmpremiere.

Der große Tag

Felix, Joanna, Carsten, Jan und dessen Tochter Hannah sind angereist und bereiten die Eröffnung mit uns zusammen vor. Das ÆRØVIN-Schild hat Jan aus Hamburg mitgebracht, und die Männer haben es gestern Abend noch rechtzeitig angeschraubt. Die verbliebenen Reben stehen zur Pflanzung in Eimern bereit. Der neue Pizzaofen ist getestet, der Wein kalt gestellt, die Gläser sind gespült, die Aufgaben verteilt.

Ich habe kaum geschlafen, und die Wetterprognose verheißt nichts Gutes. Früh am Morgen wird der neu gebaute Holztresen angeliefert und aufgebaut. Ele und Andreas bringen hundert frische Baguettes mit, Anja, Silvia und ich bestücken die Picknickkörbe. Die ersten Gäste kommen um 10 Uhr und beginnen unter Anleitung von Felix sofort mit dem Einpflanzen der Reben. Doch dann spielt das Wetter verrückt. Mittags zwingen uns Wind und Regen ins Haus. Pause ist angesagt. Das kommt uns gar nicht mal ungelegen, denn wir sind alle ziemlich durchgefroren. Die nächsten Gäste, darunter der Bürgermeister, erwarten wir gegen 15 Uhr. Und als würde es der Himmel gut mit uns meinen, reißt die Wolkendecke ein bisschen auf und die Sonne kommt raus.

Pünktlich mit vielen anderen Gästen erscheinen der Bürgermeister Peter Hanstedt und der Tourismus-Chef Chris Hammeken.

Guido hält eine Begrüßungsrede, und Joan übersetzt sie parallel ins Dänische. Der Bürgermeister hält seine Rede auf Dänisch, und Joan übersetzt sie für uns ins Deutsche. Es ist ein großer Tag für uns. Ich bin aufgeregt und freue mich. Die Menschen sind herzlich, interessiert und geben uns ein gutes Gefühl.

Weinbergeröffnung

Mit dem Morgengrauen wache ich auf. Die offizielle Eröffnung mit dem Bürgermeister beginnt eigentlich erst um 15 Uhr, aber die ersten Gäste haben sich schon für 10 Uhr angesagt. Leider ist die Wettervorhersage ziemlich schlecht. Wechselhaft bis regnerisch. Um 8 Uhr wird der Holztresen geliefert. Mithilfe der Nibbi und einem Anhänger fahren wir die Einzelteile zum Weinberg und bauen sie dort zusammen. Dabei hören wir laut Musik. Damit Silvia und ich Zeit für die Gäste haben, haben wir die Aufgaben verteilt. Felix managt die Pflanzung, Jan macht Fotos, Joanna übernimmt die Bar, Carsten backt Pizza. Bei solchen Anlässen hocken Silvia und ich nie aufeinander. Jeder macht sein Ding, und zwischendurch oder hinterher tauschen wir unsere Eindrücke und Erlebnisse aus. Das war auch schon bei unseren Filmpremieren so.

Dann kommen auch schon unsere Nachbarn. Karin mit ihrem Mann Svend Åge, Ingolf, Pernille von Nautic Wood, dazu weitere Gäste, die wir noch nicht kennen. Sie alle wollen sehen, was wir hier in den vergangenen Wochen und Monaten geschaffen haben. Karin ist besonders herzlich und begeistert. Ständig sagt sie mit dänischem Akzent: »Success.« Sie freut sich, dass auf der Insel etwas passiert und wir unser Projekt vom ersten Tag an öffentlich machen. Teilen und Transparenz sind uns wichtig.

Nach und nach kommen immer mehr Freunde. Ele und Andreas, Volker, Stefan und Anja. Gläser werden geputzt, Picknickkörbe zusammengestellt und Preisschilder gemalt. Die Tische werden mit rot-weißen Decken und kleinen Töpfen mit Blumen bestückt. Und als endlich alles fertig ist – fängt es an zu regnen.

Wir versuchen, alles so gut es geht abzudecken, und gehen ins Haus. Irgendwie ist diese Ruhepause sogar schön. Sie schafft noch einmal ein Zusammengehörigkeitsgefühl. Ohne unsere Freunde wäre dieser Moment ein ganz und gar anderer.

Kurz vor 15 Uhr hört es schlagartig auf zu regnen. Was für ein Glück! Und es kommen auch gleich dreißig Besucher auf einmal. Chris, der Chef des Tourismus- und Gewerbevereins, ist da und auch Joan, die Willkommensbeauftrage. In ihrem Schlepptau der Bürgermeister Peter Hanstedt. Silvia und ich stellen uns vor, und er überreicht uns eine schöne Karaffe mit dem Logo der Kommune. Dann gehen wir für die offizielle Eröffnung hinunter zum Weinberg. Ich bedanke mich beim Bürgermeister, bei Chris, Joan und allen anderen Gästen und erkläre kurz, was wir hier in den kommenden Jahren vorhaben. Der Bürgermeister lobt unser Engagement und sagt voraus, dass der Wein von ÆRØ VIN in Kopenhagen schon bald ein guter Botschafter für die Insel sein wird. Es ist wirklich doof, dass wir noch kein Dänisch sprechen. Dankenswerterweise übersetzt Joan für uns. Es ist schön, so viele bekannte und neue Gesichter zu sehen. Silvia und ich nehmen uns Zeit, mit den Gästen zu sprechen. Immer wieder werde ich gebeten, etwas über unsere Pläne zu erzählen.

Am Ende des Tages sind wir sehr zufrieden und glücklich. Wir sind froh, dass das Wetter einigermaßen gehalten und das meiste reibungslos geklappt hat. Wir haben aber auch gemerkt, dass wir alles viel zu groß dimensioniert hatten. Bis zum nächsten Event brauchen wir ein besseres Konzept.

Laura und Louisa

In diesen Tagen dreht sich fast alles um unseren Weinberg. Als ich mich schon frage, ob wir uns zu stark auf nur eine Sache fokussieren, ruft uns Andreas an, der Manager der Beachvolleyball-Olympiasiegerin Laura Ludwig. Er erzählt uns, dass Laura eine neue Partnerin hat, und fragt vorsichtig an, ob wir uns vorstellen können, die beiden auf ihrem Weg zu den Olympischen Spielen in Paris 2024 zu begleiten. Silvia und ich haben nur gute Erinnerungen an Laura und ihre damalige Goldpartnerin Kira Walkenhorst. Zwei tolle Frauen, deren Leben wir zwei Jahre lang dokumentiert haben. *Der Weg zu Gold* heißt das Projekt, das uns 2016 in Rio de Janeiro auch persönlich unvergessliche Momente geschenkt hat. Als Filmemacher festzuhalten, wie Kira und Laura sich ihren Lebenstraum erfüllten, war ein außergewöhnlicher Moment. Seit dieser Zeit sind wir mit Laura eng vertraut. Ihre neue Partnerin heißt Louisa Lippmann, und ich weiß so gut wie nichts über sie. Außer dass sie fünfmalige Hallenvolleyballerin des Jahres ist.

Silvia und ich haben lange darüber diskutiert, wie das Filmemachen und unser Leben auf Ærø zusammenpassen, wer welche Aufgaben übernehmen kann und wie groß wir so ein Filmprojekt von Dänemark aus skalieren können. Das Wichtigste für mich ist, dass sich das Filmemachen die meiste Zeit des Jahres unterordnen muss. Dass die Reise-, Dreh-, und Schnitttage überschaubar bleiben. Das ist auch Silvia wichtig, denn sie will den Hof nicht für längere Zeit allein bewirtschaften. Silvia schafft es, das Projekt an die ZDF-Sportredaktion zu verkaufen. Es sollen insgesamt zehn Folgen werden. Also etwa alle drei Monate eine Folge. Das sollte machbar sein.

Ich fahre also nach Hamburg, wo Louisa heute ihr allererstes Training im Beachcenter am Olympiastützpunkt absolviert. Ich habe zwar meine Kamera dabei, um ein paar erste Einstellungen zu filmen, aber im Fokus steht das Kennenlernen. Louisa ist eine beeindruckende Frau, nicht nur wegen ihrer Größe von 190 Zentimetern. Wir begrüßen uns kurz, dann lasse ich sie in Ruhe trainieren.

Für mich wird es ein Tag des großen Wiedersehens. Die Stützpunkttrainerin Helke Claasen betreut das Training. Sie war auch schon im Goldteam von 2016. Genau wie die Sportpsychologin Anett Szigeti und der Trainer Jürgen Wagner, der schon seit einigen Jahren Louisa als Berater zur Seite steht. Sie alle freuen sich, mich zu sehen, und ich freue mich auch.

Louisa bewegt sich noch etwas staksig im Sand, Annahme und Zuspiel wirken steif. Doch alle versichern mir, dass Volleyball und Beachvolleyball zwei völlig verschiedene Sportarten sind – und Louisa fängt fast bei null an. Laura ist gerade zum zweiten Mal Mutter geworden und steigt erst im Herbst ins Training ein, und einen verantwortlichen Cheftrainer hat das Team auch noch nicht gefunden. Ihr Weg nach Paris ist also noch sehr lang. Das wird mit Sicherheit – auch für uns – eine spannende Geschichte.

Vinsmagning

Heute ist ein toller Tag für ÆRØ VIN. Denn heute findet auf unserem Weinberg die erste Weinprobe (»Vinsmagning«) statt. Natürlich ist es noch nicht unser eigener Wein, der verkostet wird, dafür aber Wein von meiner Verwandtschaft aus der Pfalz. Bereits vergangenes Jahr hatten wir beschlossen, dass wir nicht darauf warten wollen, bis wir selbst Wein produzieren. Wir wollen schon vorher herausfinden, ob es auf der Insel überhaupt eine Nachfrage gibt, und uns gleichzeitig als Weinhändler einen Namen machen. Und natürlich auch ein bisschen Geld dazu verdienen. Damit treten wir sozusagen in die Fußstapfen meiner Großeltern und Eltern. Das hätte ich mir auch nie träumen lassen. Vor allem nicht, dass ich es einmal mit so viel Freude mache.

John und Susanna von der kleinen Seifenmanufaktur in Bregninge kamen auf die Idee, gemeinsam eine Veranstaltung für Inselbewohner auf die Beine zu stellen. Sie betreiben ihre Manufaktur seit zwei Jahren, und schon jetzt sind ihre Seifen in vielen dänischen Geschäften und im Internet zu kaufen. Die Gæstgiveri, eine Pension mit Restaurant, die direkt neben der Seifenmanufaktur liegt, ist der dritte Partner im Boot. Die Idee ist, dass wir zu einem Pauschalpreis eine Tour anbieten, die bei uns mit einer Weinprobe und einer Führung über den Weinberg beginnt. Anschließend geht es weiter zu Ærø Soap, wo die Teilnehmer Seifen kaufen können und einen Kaffee bekommen. Zum Ausklang findet man sich dann in der Gæstgiveri zum Abendessen ein.

Wir lassen einen Flyer designen und posten die Veranstaltung auf Facebook. Facebook ist auf der Insel sehr beliebt, um sich darüber zu informieren, was auf Ærø so los ist. Unsere Aktion kommt super an, wir haben 25 feste Anmeldungen. Wir putzen den Weinberg heraus, decken die Tische, stellen den Wein kalt und freuen uns – bei bestem Wetter – auf die Gäste. Diesmal machen Silvia und ich alles allein. Das ist in dem Fall auch kein Problem, weil wir ja genau wissen, wie viele Gäste kommen werden.

Zur Begrüßung schenkt Silvia einen Secco aus, und ich sage ein paar Worte zum Ablauf. Dann gehen wir zum Testfeld und den besonders gut wachsenden Solaris-Reben. Viele interessante Fragen werden gestellt, und zu meiner eigenen Verwunderung kann ich alle beantworten. Anschließend laufen wir über den Weinberg hinunter zum Vitsø. Auf dem Rückweg halten wir an der Stelle, an der ich vor 15 Monaten die Weinberg-Idee hatte. Unglaublich, was Silvia und ich mithilfe unserer Freunde in dieser kurzen Zeit aufgebaut haben.

Zurück auf dem Testfeld servieren wir nacheinander Grauburgunder, Merlot und Riesling. Die Gäste sind sehr angetan, und jeder scheint einen anderen Favoriten zu haben. Das Einzige, worauf sich niemand einlassen möchte, ist eine Weinschorle. Den guten Wein mit Wasser zu mischen, kommt für sie nicht infrage. Was in der Pfalz zu jedem Weinfest gehört, ist hier in Dänemark tabu. Es läuft super, und ich fühle mich wohl in meiner Rolle als Gastgeber. Wir lernen viel aus den Gesprächen und bekommen sehr positives Feedback.

Als wir die gesellige Runde nach zwei Stunden beenden müssen – wir sind schließlich nur der Auftakt dieser kulinarisch-sinnlichen Tour –, kaufen die meisten ein paar Flaschen ihres Lieblingsweins. Manche wollen überhaupt nicht gehen. Fast so, als wären sie zu Besuch bei Freunden.

Als alle aufgebrochen sind, schauen Silvia und ich uns an. Wir sind uns einig, dass es sehr viel Spaß gemacht hat und wir so etwas öfter veranstalten könnten. Wenn nur nicht das viele Geschirr wäre. Aber auch dafür werden wir eine Lösung finden.

SOMMER 2022

Im Sommer taucht die Sonne Ærø in ein goldenes Licht. Die Tage rund um die Sonnenwende erscheinen leicht und endlos, denn auch wenn die Sonne kurz versinkt, leuchtet der Horizont die ganze Nacht. Diese »Weißen Nächte« haben etwas Magisches. Bei der Rückschau auf den vergangenen Sommer haben wir festgestellt, dass wir zu wenig Zeit für uns selbst hatten. Wir haben uns daher vorgenommen, zusammen mehr Sport zu treiben. Vor allem wollen wir öfter Schwimmen gehen. Es wird spannend, herauszufinden, ob uns der Spagat zwischen Hofarbeit, ÆRØ VIN, Ferienwohnungen, Filmemachen und Freizeit gelingt.

Die ersten Kunden

Neuerdings kommen viele fremde Menschen auf unseren Hof. Meist sind es Touristen, die erstaunt sind, dass es auf der Insel einen Weinberg gibt. Sie stellen ihre Fahrräder vor unseren Eingang, ihre

Autos auf unseren Parkplatz. Das ÆRØ-VIN-Schild scheint seinen Zweck zu erfüllen. Allerdings wandern die Menschen auf der Suche nach dem Weinberg teilweise einfach so auf unserem Gelände herum. Wobei die meisten schon erst zu uns kommen und fragen. »Wächst denn hier überhaupt Wein?«, »Welcher Weg führt zum Weinberg?«, »Kann man den Wein auch kaufen?«, »Wo, bitte schön, ist denn das Restaurant?« Immer mal wieder gibt es sogar welche, die mürrisch davonstapfen, wenn wir ihnen erklären, dass unser erster eigener Wein erst 2024 verkauft wird.

Zunehmend merke ich, dass mir das nicht gefällt und ich irgendwie wütend auf Guido bin. Er sollte sich um diese Leute kümmern. Ist ja seine Idee gewesen. Aber im Grunde bin ich auch genervt von mir selbst. Schließlich war es meine Idee und mein Wunsch, dass wir diese schöne weiße Mauer mit dem Schild bauen. Ich denke, wir haben das komplett unterschätzt. Wir müssen dringend an dem Konzept für den geplanten Hofladen arbeiten, um unsere Privatsphäre zu schützen. Eines aber wird mir immer klarer: Es war eine verdammt gute Idee und anscheinend genau die richtige Zeit für einen Weinberg auf der Insel. Die Menschen freuen sich darüber und auf den zukünftigen Wein. Danke, Guido.

Tomatenhaus

Die 200 Tomaten, die wir im März vorgezogen haben, sind zum Großteil noch immer in ihren Töpfen. Die meisten sind schon über einen Meter hoch und spindeldürr. Ich wollte ja Fehler machen. Geschafft! Obwohl ich bereits etliche Tomaten an Freunde verschenkt habe, sind es einfach viel zu viele. Silvia ist maximal genervt, weil das ganze Yogastudio immer noch mit Tomaten vollsteht. Ein richtiger Tomatendschungel.

Zum Vergleich: Vergangenes Jahr hatten wir nur zehn Tomaten im Gemüsegarten. In diesem Jahr will ich aber nicht nur mehr von allem, sondern auch besser pflanzen. Tomaten mögen es nicht, nass zu werden, weil sie dann Braunfäule und andere Pilzkrankheiten bekommen – und deshalb bauen wir ihnen heute ein Dach über dem Kopf. Ein Welldach aus Plastik hatte ich schon vor ein paar Wochen in der Scheune gefunden. Jetzt habe ich im Baumarkt in Marstal noch Holzpfosten, Latten, Bodenhülsen und Schrauben gekauft.

Malte ist gekommen, um mir zu helfen. Er ist Mitte zwanzig und lebt seit einiger Zeit mit seiner Freundin Marie, seinen Eltern, seiner Schwester, deren Mann und zwei Kindern, Katzen, Pferden und Hunden auf einem Hof in Olde. Die ersten Wochen auf der Insel haben sie bei uns in der Ferienwohnung gelebt, und wir mochten sie von Anfang an. Malte hat Landschaftsarchitektur studiert und interessiert sich sehr für Weinanbau. Ich habe ihm angeboten, dass er regelmäßig bei uns mitarbeiten kann, im Austausch gegen mein, wenn auch nach wie vor spärliches, Wissen.

Silvia und ich mögen vielleicht nicht die typischen »Alten« sein, die hier ihren Ruhestand verbringen wollen, dennoch ist es viel wichtiger, dass junge Menschen wie Malte und Marie auf die Insel ziehen. Nur dann hat Ærø wirklich eine gute Zukunft.

Nach sechs Stunden steht das Tomatenhaus, und dreißig Pflanzen haben Platz unter dem Dach gefunden. Yellow Submarine, Green Zebra, Marmorossa, Primabella, San Marzano, Quadro und die Goldene Königin. Bleibt nur die Frage: Was mache ich mit dem Rest?

Grüne Hornisse

Ich brauche unbedingt ein Auto. Eigentlich wollte ich diesen Satz aus meinem Leben streichen. Aber wenn Silvia in Hamburg ist oder ich auf Drehreise bin, kommt man vom Hof nicht gut weg. Es gibt zwar den kostenlosen Inselbus, aber der fährt im Notfall nicht nach Hamburg. Eigentlich bräuchten wir sogar einen Trecker, jetzt, wo wir Weinbauern werden.

Aber erst mal ein Auto. Ich erkundige mich bei unserem Steuerberater, wie es in Dänemark mit dem Autokauf funktioniert, und finde heraus, dass es ein paar große Unterschiede gibt. Zum einen sind Autos hier unfassbar teuer, zumindest Neuwagen, da der Staat eine sogenannte Zulassungssteuer von bis zu 150 Prozent auf den Kaufpreis aufschlägt. Das heißt, bei einem Auto, das 50 000 Euro kostet, kommen noch mal 75 000 Euro Zulassungssteuer obendrauf. Damit preist der dänische Staat die Umweltbelastung, die ein Auto verursacht, deutlich stärker ein, als wir das in Deutschland kennen. Es muss also ein Gebrauchtwagen sein, denn dann entfällt diese Luxussteuer, weil sie vom Erstbesitzer ja bereits bezahlt wurde.

Zum anderen brauche ich das Auto für ÆRØ VIN. Und da gibt es gleich den nächsten Unterschied. Geschäftsfahrzeuge bekommen ein gelbes Nummernschild, Privatfahrzeuge ein weißes. Wenn man einen Geschäftswagen auch privat nutzen will, bekommt man ein gelb-weißes – ein sogenanntes Papageien-Kennzeichen. Aus irgendeinem Grund ist damit auch die Bestimmung verbunden, dass so ein »Papagei« nur zwei Vordersitze haben darf. Ich fahre also mit Silvia zu einem Autohändler in Marstal und erzähle ihm, was ich suche. Er heißt Rasmus, ist Kfz-Meister, hat eine große Werkstatt und ist super nett. Er sagt mir, dass er eine Woche braucht, aber dann hat er bestimmt etwas für mich. Ich bin gespannt.

Nach fünf Tagen bekomme ich eine E-Mail. Sein Cousin will sein Auto verkaufen, und das wäre ideal für mich. Ich muss schmunzeln: Die Aussage »Auto vom Cousin« kenne ich aus Hamburg. Erneut fahren wir also nach Marstal, und noch bevor ich aussteige, sehe ich das Auto. Ein zwanzig Jahre alter, grüner Nissan Pick-up. Vierradantrieb, zwei Sitze, wenig Rost. Wir machen eine Probefahrt. Er muffelt ein bisschen, aber der Motor läuft sehr gut. Fenster runter, Ellbogen raus. Ich fühle mich wie ein Teenager. Nur mein Haar flattert nicht im Wind, davon gibt es nicht mehr allzu viel.

Der Wagen ist genau das, was wir brauchen, und auch über den Preis werden wir uns schnell einig. Das Einzige, was jetzt noch fehlt, ist ein Name. Denn bei uns bekommt jedes Auto einen. Unsere Wahl fällt auf Green Hornet (Grüne Hornisse) – nach der US-amerikanischen TV-Serie mit Bruce Lee aus den Sechzigern. Das passt auch gut zu unserem Biohof.

Die neue Welt der Tomaten

Bevor ich mich mit dem Anbau von Tomaten beschäftigt habe, war mir gar nicht klar, wie viele verschiedene Sorten es gibt. Diese Vielfalt macht uns neugierig und sie bereitet Freude. So achten wir beim Zusammenstellen der Auswahl zu Beginn sehr auf eine unbekannte und überraschende Optik – gelbe, grüne und schwarze Tomaten in unterschiedlichsten Formen. Manche sehen eher aus wie kleine Kürbisse. Ich wusste auch nicht, wie viel Geschmack Tomaten haben können. Der Geschmack von selbst angebauten Tomaten ist nicht zu übertreffen. Handelsübliche Tomaten sind zwar ertragreicher und lagerfähiger, aber geschmacklich können sie bei Weitem nicht mithalten.

Mir wird immer klarer, wie wichtig und groß der Schritt war, den wir unternommen haben, um unser Leben zu verändern. Durch die Selbstversorgung etwa bestimmen wir heute zum großen Teil, was wir essen. Blöd ist nur, dass gerade Tomaten in der Anzucht und im Wachstum äußerst empfindlich sind. Sie brauchen viel mehr Schutz und Pflege als beispielsweise Kartoffeln. Im vergangenen Jahr hat Guido ungeschützte Tomatenspaliere in den Gemüsegarten gebaut. Viele der Pflanzen haben das nicht überlebt. Da ein Gewächshaus jedoch sehr kostenintensiv ist und dafür zudem eine Baugenehmigung nötig ist, hat Guido in diesem Sommer mit Maltes Hilfe einen einfachen Unterstand konstruiert, damit die Tomaten wenigstens vor Regen geschützt sind. Und es funktioniert. Die Tomaten gedeihen prächtig – farbenfroh und in den unterschiedlichsten Größen. Es gibt nichts Schöneres, als mit einem Korb voller bunter Tomaten aus dem Garten zurückzukehren.

Der perfekte Tag

Unser zweiter Sommer auf der Insel. Unser Tagesablauf wird bestimmt durch den Lauf der Natur. Der Sonnenaufgang auf der Insel ist wunderschön. Da wir in die Weite schauen können, entdecken wir die Sonne viel früher am Horizont. Sobald es hell wird, hält mich nichts mehr im Bett. Im Gegensatz zu Guido. Was nicht verwundert, da er meistens viel später ins Bett geht.

Die Frühe ist auch die Zeit der Katzen. Wenn sie mich hören, ist es Zeit für ihr Frühstück und erste Streicheleinheiten. Für mich ist es der beste Start in den Tag, mit einer Tasse Kaffee durch den Gemüsegarten zu spazieren. Die Katzen begleiten mich. Wie sehen die Pflanzen aus? Was kann, was muss geerntet werden? Dabei ergibt sich der Speiseplan für den Tag wie von selbst. Gerade ist Erdbeerzeit. Mit einem Korb in der Hand sammle ich sie ein, um sie später ins Müsli zu mischen.

Ein kleines Frühstück mit Guido und dabei den Tag besprechen. Was liegt an? Wer hat was vor? Was muss im Garten, was auf dem Weinberg gemacht werden? Auch auf der Insel kann es im Sommer sehr heiß werden. Körperlich anstrengende Arbeiten versuchen wir deshalb in die Morgen- und Vormittagsstunden zu legen. Danach koche ich meist ein gesundes, vegetarisches Mittagessen mit frischen Zutaten aus dem Garten. Anschließend räumt Guido die Küche auf, und ich mache eine Mittagspause. Das habe ich seit unserem Umzug auf die Insel zu einem festen Ritual gemacht. Meistens schlafe ich dreißig Minuten und fühle mich hinterher wieder fit für die zweite Hälfte des Tages. Am liebsten lege ich mich dafür an einem schattigen Plätzchen im Garten auf eine Liege. Den Nachmittag verbringen wir mit weniger anstrengenden Arbeiten und Vergnügungen: Innenhof verschönern, Blumen schneiden, liebe Menschen treffen und sich austauschen. Die beste Zeit ist jetzt. Und sie hat auch mit Menschen und Beziehungen zu tun.

Die Krönung eines perfekten Tages ist das Schwimmen am frühen Abend. Die Badeleiter beim Campingplatz in Søby ist dafür *der* Treffpunkt auf unserer Seite der Insel. Es sind immer Menschen dort, die wir kennen, aber auch immer wieder neue, die wir so kennenlernen. Es gibt Abende, an denen wir müde und kaputt sind und uns mit dem Schwimmen einen erfrischenden Abschluss gönnen. Meistens bleiben wir danach noch mit Freunden ein, zwei Stunden auf dem Steg sitzen, trinken und essen etwas und blicken gemeinsam dem Horizont entgegen, um die spektakulären Sonnenuntergänge zu bestaunen.

Das ist unser neues Leben. Wir genießen den Moment. Sind im Hier und Jetzt. Auch das mussten wir erst lernen. Im vergangenen Sommer haben wir vor lauter Aufregung über die neuen Herausforderungen oft vergessen, was wir uns vorgenommen haben: ein neues Maß für das Leben zu finden. Raus aus der Routine und dem Hamsterrad. Doch wenn wir nicht aufpassen, bauen wir uns gleich das nächste Hamsterrad. Zum Glück sind wir hier umgeben von Menschen, die nicht müde werden, uns ihre Gelassenheit vorzuleben, und uns daran erinnern, dass ein Tag ohne Schwimmen im Meer ein verlorener Tag ist.

Apropos Schwimmen: Meine liebe Freundin Silvia hat in diesem Jahr ihren sechzigsten Geburtstag gefeiert und sich von mir gewünscht, dass ich ihr das Kraulen beibringe. Das ist natürlich eine willkommene Aufgabe für mich, da es auch mich zur Kontinuität zwingt. Seitdem sorgen wir, ausgerüstet mit Badekappen, Schwimmbrillen und Schwimmbrettern, für Aufsehen an der Badeleiter. Die Insulaner selbst springen meist nur kurz ins Wasser, um sich abzukühlen. Silvia und ich dagegen absolvieren richtige Trainingseinheiten. Und das unabhängig vom Wetter. Ob Wind, Wellen oder grauer Himmel, wir steigen ins Meer. Natürlich nicht immer, aber immer öfter. Mittlerweile ist Silvias Stil schon richtig gut geworden, und einige Frauen aus Søby haben mich gefragt, ob ich nächste Saison auch ihnen das Kraulen beibringen könnte.

Kinderlied

»I dag er det Oles fødselsdag.
Hurra! Hurra! Hurra!
Han sikkert sig en gave får,
som han har ønsket sig i år,
og dejlig chokolade med kager til.«

Frei übersetzt lautet der Text in etwa:

»Heute ist Oles Geburtstag.
Hurra! Hurra! Hurra!
Er bekommt sicher ein Geschenk,
das er sich das ganze Jahr gewünscht hat,
und leckeren Kuchen mit Schokolade.«

Im Rhythmus dieses dänischen Kinderliedes hämmern Malte, Felix und ich die Weinbergspfosten in den Boden. Die Rebpflanzung war schon sehr anstrengend, aber das hier ist eine richtige Tortur. 152 Pfosten gilt es zu versenken. Alle vier Reben einen. Uns läuft der Schweiß herunter, und wir tragen Ohrenschützer, weil der Klang von Metall auf Metall einen extrem lauten Ton erzeugt. Wir brauchen eine Weile, bis wir eine gute Technik gefunden haben, aber dann klappt es. Einer peilt die Position, einer hält den Pfosten, der dritte steht auf der Ladefläche des Pick-ups und schlägt von oben drauf. Dazu singen wir das Geburtstagslied: »Hurra! Hurra! Hurra!« Zwei Strophen, und der Pfosten ist drin. Wenn es gut läuft. Doch ungefähr bei jedem fünften Loch stoßen wir auf einen Stein. Dann muss erst mal gebuddelt werden. Probleme macht auch die zweite Reihe, in der eine Rebe zu viel steht. Wir graben sie aus, um Platz für einen Pfosten zu schaffen, und es fällt kaum noch auf, dass einige Abstände in der Reihe nicht stimmen.

Nach getaner Arbeit fahren wir mit der Green Hornet zur Badeleiter in Søby. Wir sind die Einzigen, und das Meer ist herrlich. Als wir uns etwas abgekühlt haben, kommen zwei Einheimische. Der eine mit dem Trecker, der andere auf einem Mofa. Sie parken neben der Grünen Hornisse. Ein Bild wie aus einem Film. Die beiden grüßen uns auf Dänisch und springen ins Wasser. Ich habe das Gefühl, dass wir den Ærø-Lebensstil so langsam verstanden haben.

Schneckenalarm

Auf einmal sind sie da: Nacktschnecken. Überall. Die ganz dicken schleimigen. Und auch kleine, die man fast übersieht. Eklig. Gierig. Nimmersatt. Sie lieben unseren Gemüsegarten. Besonders die jungen Buschbohnenpflanzen. Ich habe eine etwa zehn Quadratmeter große Fläche mit knapp achtzig Buschbohnen bepflanzt – jetzt ist nur noch die Hälfte übrig. Und auch die meisten verbliebenen Pflanzen sind bereits angefressen. Schon im vergangenen Jahr hatten wir ein paar Schnecken. Nacktschnecken und Weinbergschnecken. Die Weinbergschnecken habe ich gewähren lassen. Die Nacktschnecken habe ich eingesammelt und auf der anderen Straßenseite wieder freigelassen. Unser Nachbar Rüdiger hat sich kaputtgelacht. Er meinte, die wären schneller wieder im Garten als ich.

Jetzt stürze ich mich auf die Eindringlinge und werfe sie in einen Plastikeimer. Es sind Hunderte. Noch während ich am Sammeln bin, versuchen sie, aus dem Eimer zu kriechen. Alle zwanzig Sekunden bekomme ich einen Würgereiz, aber ich reiße mich zusammen und schütte den schon zur stinkigen Pampe gewordenen Schneckenbrei in eine Tüte, die ich verknote und in den Müll werfe.

War's das? Oder gibt es noch mehr? Ich gehe zurück in den Garten und entdecke sofort weitere Nacktschnecken. Gleich vier von ihnen hängen an einer kleinen Buschbohne. Und auch die jungen Zucchini sind befallen. Ich denke: Challenge accepted. Zum Glück habe ich noch eine weitere Packung Buschbohnen in meiner Saatkiste. Dreißig Minuten später sind achtzig neue Samen ausgesät. Wir werden ja sehen, wer hier den längeren Atem hat!

So geht das Spiel über Wochen. Mal gibt es mehr, mal weniger Schnecken. Ich recherchiere im Internet alles zu tierfreundlichen Beseitigungsmethoden, mechanischen und chemischen. Die Chemiekeule kommt natürlich nicht infrage – wir sind schließlich ein Biohof –, und die mechanischen Varianten sind mir zu eklig. Alternativ wird der Einsatz von Enten empfohlen. Keine gewöhnlichen Enten – die fressen höchstens noch mehr Gemüse weg –, sondern Indische Laufenten. Die sollen ganz versessen auf die Viecher sein. Aber wo bekomme ich in Dänemark Indische Laufenten her, die Spanische Nacktschnecken fressen? Globalisierung im Gemüsegarten, denke ich und muss lachen.

Wie so oft, wenn ich nicht mehr weiterweiß, rufe ich Kai, den Tischler, an. Er lebt schon seit mehr als fünfzehn Jahren hier, vielleicht hat er ja Erfahrung mit so was. »Laufenten? Kein Problem!«, sagt Kai. »Wir haben welche!« Der Mann ist ein Genie, denke ich. Und ich finde es toll, dass es auf Ærø für alles eine Lösung zu geben scheint. Kai hält diese lustig aufrecht herumlaufenden Enten schon seit Jahren und hat seitdem nie wieder Probleme mit Schnecken gehabt. Ich frage ihn, ob ich mir seine Enten testweise ausleihen könne. Doch leider sind Laufenten wohl sehr sensibel und wechseln ungern ihr Zuhause. Kais haben aber gerade Küken bekommen, ich könne doch mal vorbeischauen und mit seiner Frau sprechen, die sich um die Enten kümmert.

Ein paar Tage später erklärt mir Kais Frau Birge alles zur Aufzucht und Pflege der Küken. So leicht ist das gar nicht. Wir bräuchten einen Stall, damit sie nicht von Füchsen gefressen werden, außerdem wäre ein Teich gut, weil sie Wasser lieben. Auch müssen sie natürlich täglich gefüttert werden. Salat und anderes Gemüse muss vor den watschelnden Helfern geschützt werden, und obendrein sind sie Herdentiere, das heißt, mindestens zwei sollten es schon sein. Ich spreche mit Silvia darüber, und wir entscheiden uns gegen die Laufenten. Wir wollen so wenige zusätzliche Verpflichtungen wie möglich.

Und dann – sind die Schnecken auf einmal weg. Oder zumindest unsichtbar. Vielleicht hat die Drohung mit den Enten schon gereicht, um die Schnecken zu vertreiben. Und durch das trockene Wetter, wiederholtes Aussäen und konsequentes Einsammeln der Schnecken haben viele Buschbohnen überlebt und tragen eine gute Ernte.

❀ Freundschaft

In unserem neuen Leben auf der Insel begegnen wir vielen interessanten Menschen. Menschen, die schon immer auf der Insel leben. Menschen, die wie wir diesen Ort für sich entdeckt haben und an einer neuen Identität arbeiten. Besonders drei Frauen sind mir – jede auf ihre ganz eigene Art – sehr schnell ans Herz gewachsen.

Ele, eine Rechtsanwältin, hat uns zusammen mit ihrem Mann Andreas von Anfang an juristisch beraten und unterstützt. Sie ist eine belesene, erfahrene und spannende Frau. Ich liebe die Spaziergänge mit ihr, weil es in unseren Gesprächen immer um das Leben, die Reflexion und das Jetzt geht.

Dann ist da Karin, die Geschäftsführerin des Lebensmittelgeschäftes in Søby. Eine Frau, die unaufgeregt und leidenschaftlich für ihre Ziele kämpft. Eine Frau, die unterstützt und Mut macht. Sie arbeitet unermüdlich, gleichzeitig aber so, dass alles in der Balance bleibt.

Und schließlich Silvia, meine Namensvetterin. Sie ist fast zur selben Zeit wie wir auf die Insel gekommen und hat fest vor, daraus die beste Zeit ihres Lebens zu machen. Sie ist eine wahre Lebenskünstlerin. Ich bin sehr dankbar für diese Begegnungen. Diese Menschen sind wie Geschenke in meinem Leben.

Ich liebe Menschen, und durch meine Arbeit lerne ich auch ständig neue kennen. Aber es gibt nur wenige – außerhalb der Familie –, die mich mein Leben lang begleiten. Mein lieber Bruder Marc ist da anders, er pflegt seine Beziehungen. Es gibt sie alle noch, die Freunde seines Lebens. Sandkastenfreunde, Schulfreunde, Studienfreunde, Arbeitsfreunde. Ich habe immer wieder darüber nachgedacht und Marc manchmal sogar beneidet. Doch mittlerweile beruhige ich mich selbst, indem ich mich daran erinnere, dass wir nun mal alle verschieden sind. Es gibt Menschen, die viele alte Freunde haben und sich oft oder fast ausschließlich über gemeinsam erlebte Zeiten definieren. Und es gibt Leute wie mich, die sich gern mit Menschen im Hier und Jetzt umgeben. Mein Leben ist meine Aufgabe. Meine Suche nach meinem bestmöglichen Selbst. Ich suche und reagiere auf Menschen, die mich inspirieren und von denen ich lernen kann. Menschen, mit denen ich mich umgebe, haben immer etwas mit meinem inneren Zustand zu tun. Sie sind wie Spiegel. Auf diese Weise verstehe ich rückblickend auch mein Leben. Unterschiedliche Menschen und Beziehungen im Zusammenspiel mit meinem eigenen Zustand.

Die Ausnahme meines Lebens ist Guido. Und wahrscheinlich verlangt diese intensive Beziehung so viel von mir, dass daneben kaum Platz für andere ist. Sie ist aber auch jene, an der ich persönlich am meisten gewachsen bin und stetig weiterwachse. Und dafür gibt es einen guten Grund: Guido ist der spannendste Mensch, den ich kenne. Er entwickelt sich ständig weiter, will immer dazulernen, wächst an seinen Aufgaben, ist herrlich verrückt und gibt mir viel Raum. Guido ist der einzige Mensch, der mit mir und meinem Temperament umgehen kann. Mit ihm zusammen macht alles Spaß. Das bedeutet nicht, dass wir uns immer einig sind. Aber auch das trägt uns zusammen weiter. Guido ist der rote Faden in meinem Leben. Er war mein erster Freund. Er ist mein bester Freund.

Du bist, was du isst

Unser Sohn Elliot hat mit neun Jahren beschlossen, kein Fleisch mehr zu essen. In der Schule wurde eine Dokumentation über Massentierhaltung gezeigt, und ab dem Moment hat er das Stoppschild hochgehalten. Wir haben das natürlich akzeptiert und uns schlau gemacht, wie wir den Essensplan umgestalten könnten. Das war neu Kochen lernen. Ich habe mir vegetarische Kochbücher gekauft und sofort angefangen, vegetarische Gerichte zu kochen. Guidos Eltern haben beruflich in Fleisch und Wurst gemacht und waren total entsetzt, dass wir unserem Sohn erlauben, »sich falsch zu ernähren«, und ihn dabei auch noch unterstützen. »Er hört bestimmt auf zu wachsen und wird krank.« Selbstverständlich haben auch wir uns Gedanken darüber gemacht und sie mit dem Kinderarzt besprochen. Zweimal im Jahr wurden seine Blutwerte kontrolliert, und es gab keinerlei Grund zur Sorge. Er wuchs und gedieh prächtig. Heute misst Elliot 1,97 Meter und ist kerngesund. Mittlerweile ernährt er sich vegan, und Guidos Eltern haben aufgegeben, für ihn zu kochen.

Auch Guido und ich ernähren uns inzwischen zu gut 85 Prozent vegetarisch. Also besser gesagt: Ich ernähre ihn. Wenn ich in Hamburg bin und er auf der Insel bleibt, weiß ich, dass er seine Teller dann gern mit Wurst, Fleisch und Pizza füllt. Meistens koche ich – weil es mir Freude macht. Für mich ist Kochen wie ein entspanntes Hobby. Es ist kreativ, regelmäßig probiere ich neue Gerichte aus, damit es nicht langweilig wird. Kochen hat für mich auch unbedingt etwas mit Kümmern zu tun. Es ist mir wichtig, mich gut zu ernähren. Und es ist mir wichtig, dass meine Lieben gut versorgt werden. Neu für mich ist die schiere Menge und Vielfalt an Gemüse und Obst aus unserem eigenen Garten. Dadurch werden auch Themen wie nachhaltige Vorratshaltung und Konservierungsmethoden immer wichtiger – Trocknen, Einkochen, Einwecken, Einlegen in Öl.

Auch meine Krebserkrankung hat mich noch einmal tiefer in das Thema Ernährung einsteigen lassen. Heute wissen wir, dass viele Krankheiten durch falsche Ernährung mitverursacht werden. Genauso lassen sich viele durch eine Umstellung der Essgewohnheiten lindern oder gar heilen. Ich selbst habe mit dem Fastenwandern angefangen. Also mit dem Verzicht auf feste Nahrung und Genussmittel in Kombination mit viel Bewegung. Ich habe festgestellt, dass das auf meine Zellen einen ähnlichen Effekt hat wie ein Neustart beim Computer. Auch darüber will ich mehr lernen, und so habe ich in diesem Jahr Online-Weiterbildungen zur Fastenleiterin und zur Ernährungsberaterin begonnen. Das Onlineformat funktioniert sehr gut für mich, da ich dafür meine Insel nicht verlassen muss und ich mir die Lerneinheiten selbst einteilen kann. Wenn ich an einem Termin mal keine Zeit habe, gibt es immer einen Link, über den ich die Einheit später nachholen kann.

Because

Meine Eltern sind zu Besuch. Wie beim ersten Mal habe ich sie in Hamburg abgeholt, und dieses Mal ist alles viel schöner und entspannter. Wir haben uns vorgenommen, ihnen eine gute Zeit zu bereiten. Vielleicht ist es das letzte Mal, dass mein Vater uns besuchen kann – immerhin ist er jetzt schon stolze 85. Wir zeigen ihnen den fast fertigen Weinberg, und was wir alles auf dem Grundstück verändert haben. Sie sind beeindruckt und freuen sich, dass wir die Arbeit auf dem Hof ganz gut im Griff haben. Wir fahren mit ihnen zu unseren Lieblingsorten, sitzen in der Sonne, besuchen die lokale Whisky-Destillerie und gehen mit ihnen in unser Lieblingsrestaurant Kraut og Koala. Alles fühlt sich bei diesem zweiten Besuch leichter an. Gelassener. Meine Mutter hat Spaß daran, die Rosen zu schneiden, und mein Vater freundet sich mit unserem Kater Pablo an. Je mehr wir sie teilhaben lassen, desto stärker habe ich das Gefühl, dass sie anfangen, unsere Begeisterung für das Leben hier zu verstehen. Auch wenn es für sie selbst nie infrage gekommen wäre. Meine Eltern haben mir früh die Freiheit gegeben, machen zu dürfen, was ich will. Ich sollte nie in irgendwelche Fußstapfen treten. Dafür bin ich ihnen sehr dankbar.

Mit Max im Legoland

Vor der Geburt von unserem ersten Enkel Max fragte mich meine Tochter, ob ich bereit sei für Enkel. »Bist du denn bereit für Kinder?«, antwortete ich. »Mein Leben wird sich nicht grundlegend verändern. Im Gegensatz zu deinem.« Über diesen Auftakt zum Thema Oma-Werden denke ich immer wieder nach. Es war eine sehr ehrliche Reaktion von mir. Aber wahrscheinlich habe ich Julia mit meiner Antwort verletzt. Das wollte ich nicht. Grundsätzlich habe ich jedoch das Gefühl, dass ich mich und meine Lebenszeit beschützen muss. Wenn ich nicht bestimme, was ich mit meiner Zeit anfange, dann tun es andere für mich. Ich bin seit mehr als drei Jahrzehnten Mutter. Jule und Elliot sind mittlerweile erwachsen. Der Job, bei dem meine Kinder meinen Tag bestimmen, ist getan, und ich will nicht in die nächste Verantwortung rutschen. »Oma und Opa sind wie Mama und Papa, nur mit Puderzucker«, habe ich mal auf einer Postkarte gelesen. Das gefällt mir. Wir sind nicht für den Alltag da.

Ich genieße die Zeit mit meinen Enkelkindern. Meistens fahre ich dafür nach Hamburg, manchmal kommen sie zusammen mit Julia und Simon auf die Insel. Und manchmal nehmen wir eines von ihnen mit zu uns. Dann haben alle etwas davon. Gerade ist Max bei uns, weil wir ihm einen Ausflug ins Legoland versprochen haben. Ich war bisher noch nie dort und weiß nicht wirklich, was uns erwartet.

Die Vorbereitungen verlaufen unkompliziert, die Buchung der Tickets ist schnell erledigt. Früh morgens nehmen wir die erste Fähre nach Faaborg, um von dort mit dem Auto weiter nach Billund zu fahren. Wir haben Proviant dabei, und das Frühstück findet an Bord der Fähre statt. Die restliche Autofahrt nach Billund nutzt Max, um den Nachtschlaf zu verlängern. Guido und ich nutzen sie, um uns in Ruhe auf den anstrengenden Tag vorzubereiten. Als wir kurz vor Billund die ersten Legoland-Plakate entdecken, wecken wir Max. Und was soll ich sagen, es wird für uns alle ein wunderbarer, lustiger und liebevoller Tag. Es ist schon ein Geschenk, Max nur zu beobachten.

Als wir durch den großen Eingang ins Legoland gehen, spricht er kein Wort, so aufgeregt ist er. Wir haben Glück mit dem Wetter, es ist ein warmer Tag. Außerdem sind die dänischen Sommerferien schon vorbei, wodurch wir keine langen Wartezeiten bei den einzelnen Attraktionen haben. Guido und ich wechseln uns ab, sodass sich einer von uns auch mal kurz ausruhen kann. Die Stunden vergehen wie im Flug, und am späten Nachmittag spazieren wir glücklich in Richtung der Schlafhütten. Mittendrin ein toller Spielplatz, den Max natürlich sofort erblickt und später am Abend noch ausgiebig bespielt. Die Hütte selbst ist im Ninjago-Style dekoriert. Für Max ein Traum. Er hat die freie Wahl zwischen den Zimmern und entscheidet sich für ein Bett, über dem an der Wand Meister Wu klebt. Es ist wunderbar, dass die Freude eines Kindes einem selbst auch so viel gibt. So ist dieser Ausflug auch für Guido und mich ein ganz besonderes Erlebnis.

HERBST 2022

Die Tage werden wieder kürzer und die Nächte kühler. Langsam wird das Wasser der Ostsee zu kalt zum Schwimmen, und die Blätter an den Bäumen wechseln ihre Farbe von Grün zu einem leuchtenden Gelb oder Rot. Bald wird die letzte Runde mit dem Rasenmäher gedreht, und die Pferde werden von ihrer Besitzerin von der Koppel geholt. Die Natur bereitet sich auf den Winter vor, und wir genießen die letzten warmen Sonnenstrahlen.

Weggefährte

Der Sommer liegt hinter uns, und wir haben eine richtig schöne Zeit gehabt. Es war ein guter Mix aus harter Arbeit, um die selbst gesteckten Ziele zu erreichen, und purem Genuss. Es ging nie darum, was wir alles schaffen – sondern wie. Daran hat auch Malte einen großen Anteil. Er ist immer da, wenn wir Unterstützung brauchen. Er ist ungemein fleißig, gewissenhaft, sympathisch und sehr kompetent. Was mir aber viel wichtiger ist: Er ist ein richtiger Weggefährte und Verbündeter geworden. Denn das gemeinsame Arbeiten ist nur ein Aspekt. In den Mittagspausen kocht Silvia meist ein leckeres Essen für uns drei. Eigentlich kocht sie es in erster Linie für Malte, glaube ich. Sie mag ihn sehr gern. Seine Offenheit und Ehrlichkeit. Dann sitzen wir zusammen und sprechen über Persönliches oder tauschen uns über Neuigkeiten von der Insel aus. Für mich fühlt es sich an, als gehöre er zur Familie. Und ich glaube, er sieht das genauso.

Supermarkt

Es herrscht Volksfeststimmung am Hafen von Søby. Bestimmt 500 Menschen sind gekommen, um bei der Eröffnung des neuen Supermarkts dabei zu sein. Rot-weiße Luftballons und dänische Fähnchen zieren den großen Eingangsbereich des modernen Gebäudes. Links stehen die Mitarbeiter in einer Reihe, rechts ist eine große Tafel aufgebaut, mit Wienerbrød und anderem leckeren Gebäck. Dazwischen ist ein breites, rotes Band gespannt. Alles ist bereit für den Bürgermeister, aber der lässt auf sich warten.

Vor ein paar Monaten wurden wir in dem alten, kleinen Supermarkt von der Geschäftsführerin Karin darüber informiert, dass dieser Dagli'Brugsen bald geschlossen und dafür ein neuer, größerer am Jachthafen gebaut wird. Karin ist eine unglaublich sympathische Frau, mit einem tollen Lachen, das ihr ganzes Gesicht ausfüllt. Sie ist voller Energie und engagiert sich sehr für den Ort. Eigentlich sogar für die ganze Insel. Sie ist in allen möglichen Vereinen und Gremien aktiv und unterstützt viele soziale Projekte. Silvia und Karin verstehen sich super, sie sind total auf einer Wellenlänge. An der Kasse fragte sie uns dann plötzlich, ob wir den Neubau des Supermarkts dokumentieren möchten. Ich war etwas überrumpelt von der Idee, fand sie aber auch sehr spannend. Es war eine Möglichkeit, unsere Fähigkeiten für ein lokales Projekt einzusetzen. Silvia sah es genauso, und wir willigten ein.

Seitdem fuhr ich in regelmäßigen Abständen zu der sich ständig wandelnden Baustelle, lernte die Mitarbeiter kennen, blickte hinter die Kulissen des Projekts und hielt vom ersten Spatenstich bis zur heutigen Eröffnung alle wichtigen Schritte fest.

Karin hält eine emotionale Rede, und mit etwas Verspätung trifft auch der Bürgermeister ein, worüber die Wartenden sich köstlich amüsieren. Er schneidet das Band durch, und die Besucher strömen in den Supermarkt, um sich eines der Eröffnungsschnäppchen zu sichern. Karin hat Freudentränen in den Augen, als sie von Silvia umarmt wird. Ein schönes Bild – auch für uns –, dass ich mit Sicherheit in den Film schneiden werde.

Schwesterherz

Unser Umzug nach Ærø erschwert die Verbindungen zu Menschen in unserem alten Umfeld in Hamburg und dem Rest der Welt. Zumindest in der Theorie. Dass es überhaupt nicht so sein muss, beweist die Beziehung zu meiner Schwester Kathrin. Seitdem wir auf dem Biohof leben, hat sich zwischen uns eine persönliche Nähe eingestellt, wie wir sie seit unserer Kindheit nicht mehr hatten. Im April haben uns Kathrin und ihr Mann Andreas das erste Mal besucht, und jetzt sind sie schon zum zweiten Mal auf der Insel.

Die beiden leben seit vielen Jahren in einem Vorort von Hamburg, und früher habe ich die dreißig Kilometer zwischen unseren Wohnungen oft als zu groß für einen spontanen Besuch empfunden. Der eigentliche Grund, sich nicht zu sehen, aber waren mein Arbeitsstress und die Tatsache, dass wir völlig unterschiedliche Lebensentwürfe hatten. Ihre berufliche Welt ist schon seit Jahrzehnten die Solarbranche, womit ein Lebensstil verbunden ist, der auf Nachhaltigkeit ausgerichtet ist. Ein Vorsatz, den ich schon immer gut fand, der aber von der schnelllebigen Medienwelt in der Großstadt sehr weit entfernt ist. Kathrin und Andreas leben direkt am Waldrand, mit einem schönen Garten, in dem sie Gemüse anbauen und Bienen züchten. Inzwischen teilen wir das Interesse an der Natur und unser Wissen über den Gemüseanbau, wir tauschen Pflanzen und haben gute Gespräche über das Leben. Und auch die Verantwortung für unsere Eltern teilen wir.

Sie bringen uns Geschenke mit: ein handgemachtes Windspiel, ein Insektenhotel, Wandhalterungen für Blumentöpfe und natürlich selbst gemachten Honig. Geschenke, die verdeutlichen, dass sie sich darüber Gedanken machen, was wir brauchen könnten. Sie packen mit an, wenn etwas zu tun ist, sind aber auch viel allein auf der Insel unterwegs. Kathrin fotografiert gern und liebt Spaziergänge am Strand und den weiten Himmel von Ærø. Das Zusammensein zu viert ist harmonisch und macht uns sehr viel Freude.

Zum Abschluss ihres Aufenthalts begleite ich sie zum Skjoldnæs Fyr, dem Leuchtturm am westlichen Ende der Insel. Wir werfen Steine ins Wasser, und ich erzähle ihnen, dass man hier manchmal Schweinswale sehen kann. Noch während ich die Worte ausspreche, tauchen wie inszeniert die spitzen Rückenflossen dreier Wale auf. Vielleicht sind auch sie eine Familie.

Inspiration

Unser Filmprojekt mit Laura Ludwig und Louisa Lippmann hat mich nach Südafrika ins fast 10 000 Kilometer entfernte Kapstadt geführt. Die beiden Beachvolleyballerinnen nehmen dort an ihrem ersten Turnier teil, um Weltranglistenpunkte auf dem Weg zu den Olympischen Spielen zu sammeln. Das Beste an der Reise ist, dass ich auf dem Weingut eines Freundes wohnen kann. Er heißt Lars, und sein Weingut Buitenverwachting liegt circa zwanzig Minuten außerhalb von Kapstadt auf der anderen Seite des Tafelbergs. Die Weinberge erstrecken sich über 95 Hektar und sind für mich einfach der Wahnsinn. Neben einem Gebäude für Weinproben gibt es auch ein hochklassiges Restaurant, einen Coffeeshop, eine kleine Boutique und eine wunderschön gepflegte Picknickwiese, in deren Mitte ein gigantischer Baum steht. Der riesige Weinkeller, in dem prämierte Weiß- und Rotweine, Rosé und Sekt produziert werden, erstreckt sich über zwei Etagen. An Samstagen herrscht hier Hochbetrieb. Dann kommen Hunderte Besucher, um es sich auf der Wiese unter Sonnenschirmen gemütlich zu machen.

Weil Laura und Louisa früh aus dem Turnier ausscheiden, habe ich mehr Zeit als geplant. Ich mache viele Fotos und überlege, welche Ideen auch bei uns funktionieren könnten. Lars, seine Frau Megan und ihre zwei erwachsenen Kinder sind unglaublich freundlich und beantworten all meine Fragen. Wir gehen wandern, trinken Wein und sprechen über Produktionsprozesse, Marketingideen, Etiketten und andere Winemaker in Südafrika.

Zurück auf Ærø berichte ich Silvia und stecke sie ein bisschen mit meiner Euphorie an. Natürlich ist Ærø nicht Kapstadt, und unser Weinberg ist ein kleiner Garten im Vergleich zu Buitenverwachting. Aber hier wie dort wollen die Besucher eine schöne Zeit in der Natur verbringen. Mit einem Glas Wein in der Hand.

Wir planen unseren Hofladen

Wir brauchen einen Ort, an dem wir unser Biogemüse, den Wein und andere schöne Sachen verkaufen können. Ich schaue mir Fotos von Hofläden an und bin in Gedanken schon dabei, unseren eigenen mit Produkten zu füllen. Vorher aber müssen wir erst noch einen Teil des Stalls umbauen. Im ersten Schritt müssen wir ihn leerräumen, um uns überhaupt ein Bild von der Größe und den Möglichkeiten machen zu können. Noch steht auch die Sauna im Stall. Von der Sauna werden wir uns trennen. Und sie hat auch schon einen neuen Besitzer gefunden: Jörg, der vor 17 Jahren auf die Insel gekommen ist. Er ist gelernter Zimmermann und bietet uns im Gegenzug Unterstützung beim Umbau des Stalls an. Perfekt.

Guido und Malte entfernen die dort gelagerten Rebschutzhüllen, Kartons, Mülleimer und alles andere, was da noch so seinen Platz gefunden hat. Nebenbei müssen sich auch unsere Katzen an diesen neuen Umstand gewöhnen. Die nutzen den alten Stall nämlich beide gern, um dort ein Schläfchen zu halten. Als der Raum leer ist, sehen wir, dass ein paar alte Balken ausgetauscht und die Wände weiß gestrichen werden müssen. Für gutes Licht müssen Stromkabel verlegt werden. Außerdem brauchen wir eine richtige Eingangstür, die wir abschließen können. Das Gute ist, dass wir keinen Zeitdruck haben und alles in Ruhe entscheiden und besorgen können. Im besten Fall planen wir, den Hofladen an Ostern zu eröffnen.

Durch unsere Recherchen und eigenen Ideen haben wir eine konkrete Vorstellung davon, wie der Laden einmal aussehen soll. Der liebe Malte hat ein Computerprogramm, mit dem man Räume samt Einrichtung visualisieren kann, und überrascht uns mit Bildern, die unserer Vision sehr nahekommen. Den Boden werden wir nicht erneuern, sondern nur ausbessern und übermalen. Alte Schränke, die wir auf eBay zusammensuchen, holt Guido ab. Die stehen jetzt überall rum – im Wohnzimmer, im Holzstall, im Katzenstall – und warten auf ihren Einsatz. Eine weiße Eingangstür ist bestellt und wird von Jörg eingebaut. Ich kann es kaum erwarten, bis alles fertig ist.

Erntedank

In Deutschland hatte der Begriff »Erntedankfest« für mich eine eher mittelalterliche Bedeutung. Oder eine religiöse. Als Stadtmensch denkt man nicht daran, sich für eine Ernte zu bedanken, die Obst- und Gemüseregale im Discounter sind immer prall gefüllt. Mittlerweile aber sind wir als Selbstversorger viel näher dran. Wir säen, wässern, düngen, kultivieren, beschneiden, schützen unsere Pflanzen – und nur wenn alles gut läuft, können wir auch etwas ernten. Was das angeht, bin ich sehr viel demütiger geworden. Das Motto kann nicht »Übertreibung« lauten und auch nicht »Immer mehr«. Die Ressourcen der Natur sind begrenzt. Ein schlauer Mensch hat mal gesagt, Landwirtschaft ist eine Partnerschaft mit der Natur, in der die Natur das letzte Wort hat. Dem stimme ich uneingeschränkt zu, und insofern bedanke ich mich gern bei der Natur und bei allen, die uns geholfen haben.

WINTER 2022/2023

Unser dritter Winter auf Ærø beginnt. Die Zeit ist wahnsinnig schnell vergangen. Umso besser, dass wir sie an diesem wundervollen Ort mit so vielen schönen Dingen und spannenden Menschen verbringen durften. Jetzt steht uns eine Pause bevor, aber es wird kein Winterschlaf sein. Wir sind bereit für das, was da noch kommt.

Hamsterrad

Im Winter lässt mich der späte Sonnenaufgang sehr lange schlafen. Meist werde ich aber zwischen 7 und 8 Uhr von Silvia mit einem leckeren Kaffee geweckt. Silvia hat dann schon mindestens eine Stunde gearbeitet und ist schon voller Energie, während ich erst so langsam wach werde. Wenn wir keine Termine haben, besprechen wir alle wichtigen Dinge des Tages im Bett. Wir haben in diesem Jahr so viel gemacht und geschafft, und trotzdem habe ich an diesem Morgen zum ersten Mal das Gefühl, dass alles ganz leicht ist. Ich verspüre überhaupt keinen Druck. Stattdessen empfinde ich eine Mischung aus Klarheit und Glück. Als Silvia mit dem Kaffee kommt, sage ich, was ich fühle: »Das Hamsterrad ist weg!« Die vielen Arbeitsstunden auf dem Weinberg und im Gemüsegarten sind zwar anstrengend, aber absolut nicht stressig. Wenn ich es jetzt noch hinbekomme, meine Arbeit als Regisseur mit dieser neuen Gelassenheit anzugehen, dann habe ich ein wichtiges Ziel für mich erreicht.

Systemkritik

Elliot ist da. Ich sitze mit ihm am Kamin und erzähle ihm von unseren Ideen für den Weinberg und den Inspirationen, die ich aus Kapstadt mitgebracht habe. Wie immer hat Elliot seine ganz eigenen Gedanken dazu und äußert klare, konstruktive Kritik. Er provoziert auch ein bisschen und spricht mit Absicht von unserem »Weinmassentourismus-Projekt«. Ich muss schmunzeln. Er nicht. Für ihn ist ÆRØ VIN ein überwiegend kommerzielles Projekt, das Einfluss auf die Natur haben wird. Wie wird sich das Grundstück verändern, wenn wirklich viele Besucher kommen? Wohin mit dem Müll? Wo gehen die Besucher aufs Klo? Elliots kritische Anmerkungen sind hilfreich, gleichzeitig weiß ich aber auch, dass seine Meinung für uns nicht die Leitlinie sein kann. Schließlich wollen wir etwas aufbauen, von dem wir leben können. Langfristig. Dennoch hat er einige interessante Denkfenster aufgestoßen. Es ist nicht von der Hand zu weisen, dass wir noch intensiver darüber nachdenken müssen, wie unser Projekt zukunftsfähig sein kann.

Wie möchte ich alt werden?

Die Entscheidung für die Insel hat etwas damit zu tun, wie ich alt werden möchte. Es ist eine Landschaft, nach der ich mich gesehnt habe. Das bedeutet nicht, dass ich vorhabe, den Rest meines Lebens hier zu verbringen und auch hier zu sterben. Aber es bestimmt, wie ich in den nächsten Jahren dem Älterwerden begegnen möchte. Ich bin heute mehr ich selbst, als ich es jemals war. Aber der Prozess des eigenen Kennenlernens hört nie auf. In jeder neuen Situation lerne ich dazu, auch über mich selbst. Dafür bin ich hier auf der Insel an einem perfekten Übungsort. Die Dänen gelten als sehr glückliches Volk. Das Leben ist gelassener, geduldiger und geselliger. Und gerade an meiner Gelassenheit und meiner Geduld möchte ich arbeiten.

Das gilt auch in Bezug auf das Älterwerden. Die Art und Weise, wie ich über das Altern denke, wird Auswirkungen darauf haben, wie ich selbst älter werde. Der tägliche Blick in den Spiegel hat meine Sicht auf mich nicht verändert. Außer dass ich mittlerweile eine Brille brauche, um mich genauer zu betrachten. Und ich mag, was ich sehe.

Die Leistungsfähigkeit lässt noch nicht nach, sie verändert sich nur. Bewegungsabläufe werden langsamer, dafür aber genauer und zuverlässiger ausgeführt. Ich nehme mir mehr Zeit für Dinge, die mich glücklich machen. Älterwerden ist ein Teil des Lebens.

Der Mut zu schreiben

Ich schreibe zum ersten Mal ein Buch. Das allein ist schon verrückt. Und ein Buch über mich selbst zu schreiben, ist noch viel verrückter. Und irgendwie abstrakt. Mein Schreibcoach Franz hat mir dabei sehr geholfen. Ich hatte die ganze Zeit das Gefühl, ich erzähle ihm von einer bestimmten Zeit in meinem Leben. Nur dass die vergangenen beiden Jahre sich gar nicht abgrenzen lassen vom Rest. Denn in ihnen liegt auch die Geschichte meines Lebens, meiner Kinder und meiner großen Liebe. Die Zusammenarbeit mit Franz erinnert mich an das Schwimmtraining mit meiner Mama. Um mir die Angst zu nehmen, hat sie sich zwei Meter vor mir im Wasser positioniert, sodass ich mich traute, loszuschwimmen. Dann hat sie sich Stück für Stück weiter nach hinten bewegt. Als ich das bemerkte, war der Rückweg genauso lang wie der Weg nach vorne. So hat auch Franz mit mir gearbeitet. Er hat mir Werkzeuge an die Hand gegeben, mich bestärkt und mir Mut gemacht, nach innen zu schauen und auf meine eigene Reise zu gehen.

Nun zu meiner Zusammenarbeit mit Guido: Die hat mich in den vergangenen Wochen ab und zu richtig gestresst. Er hat sehr spät angefangen zu schreiben, während mich der nahende Abgabetermin nicht schlafen lässt. Da ich ihn aber seit Jahrzehnten kenne, weiß ich, dass er am Ende immer durchzieht und ich ihm vertrauen kann. Beim Zusammenfügen der Kapitel in den vergangenen Wochen und Tagen wundere ich mich manchmal darüber, dass er Verschiedenes von mir erwartet und Schreibaufträge vergibt. Ich sage ihm wiederholt, dass ich eine Anfängerin und kein Schreibbüro sei. Oder nein, eigentlich wundere ich mich nicht. Guido glaubt einfach, dass er mich besser kennt als ich mich selbst. Ich habe versucht, ihm anhand eines Beispiels die Situation klarzumachen. Es ist, als würde ich ihm Stricknadeln und Wolle geben. Irgendwann kann er die ersten einfachen Reihen stricken, und ich fordere ihn auf, endlich Muster und Farbwechsel einzufügen. Darüber lacht er.

Ich habe in diesen Monaten des Schreibens so viel über mich gelernt, wie schon lange nicht mehr. Ich bin mir selbst sehr nahegekommen. Und ich habe beschlossen, dass das Schreiben weiter Teil meines Lebens sein wird.

Stillstand macht nicht glücklich. Das Leben nur aushalten reicht nicht. Man muss es wagen. Sich neue Aufgaben und Herausforderungen suchen. Neuen Raum für Kreativität und Gestaltung. Auf der Insel haben wir uns Stück für Stück von unserem alten Leben verabschiedet. Konnten es mehr und mehr loslassen und gegen eine neue Freiheit eintauschen. Eine Freiheit, die es mir erlaubt, mit meinen eigenen Werten, Leidenschaften und Talenten im Einklang zu sein. Die es uns erlaubt, gemeinsam weiterzuwachsen und dem Leben Sinn zu geben. Wir haben in den vergangenen zwei Jahren so viel Neues lernen dürfen. Und mit jeder neuen Erfahrung sind auch neue Ideen entstanden, die uns tragen und beflügeln.

Unsere Beziehung wächst mit unseren Herausforderungen. Weil wir gemeinsame Ziele definieren. Weil Scheitern auch dazu gehört und wir keine Angst davor haben. Weil wir uns weiterentwickeln wollen. Und können. Wir sind nicht immer einer Meinung, aber wir sind ständig im Austausch. So bleiben wir füreinander auch nach vielen gemeinsamen Jahrzehnten spannend.

Jule hat vor ein paar Tagen am Telefon zu mir gesagt, dass unsere Entscheidung, auf die Insel zu ziehen, unser Leben wahrscheinlich um zehn Jahre verlängert. Und wenn es nicht zehn Jahre mehr werden, so macht uns die Zeit hier auf jeden Fall dankbar. Sie schenkt uns Klarheit darüber, wie wir heute leben wollen und wer wir eigentlich sind. Die ersten Schritte für das neue Maß im Leben sind getan. Jetzt ist die Zeit. Worauf noch warten?

Abspann

Nach einem Film folgt der Abspann mit der Auflistung aller Beteiligten. Filmemachen ist Teamarbeit. Und das ist bei Büchern nicht anders. Wir möchten allen Menschen danken, die uns hierhergebracht haben. Das sind in erster Linie natürlich unsere Familie und Freunde, Mentoren, Wegbegleiter, Lehrer, Kollegen und Unterstützer. Aber auch bei unseren Kritikern wollen wir uns bedanken. Bei den Neinsagern, Schwellenhütern, Verhinderern und Energievampiren. Sie alle haben auf die eine oder andere Art dazu beigetragen, dass wir heute die sind, die wir sind. Dass wir dort leben, wo wir sein wollen, und das tun, was wir lieben. Wir sind die Summe unserer Erfahrungen und vor allem die Summe unserer Beziehungen. Das Buch sind wir. Das Buch seid ihr. Danke.

Von Bäumen, Früchten und Menschen

Erst wurde genascht, dann gehegt, schließlich gezüchtet: Bereits die frühen Menschen aßen wild wachsende Früchte. Einige Zeit nach Beginn des Ackerbaus begann man, gezielt Bäume und Sträucher anzupflanzen, die ersten Obstgärten entstanden. Diese wurden zur Nahrungsquelle, zu Orten der Zusammenkunft – und inspirierten Künstler. So ist die Geschichte der Obstgärten auch eine Geschichte der Menschheit und als altes Kulturerbe moderner denn je, wie Bernd Brunners fesselnd geschriebenes und reich illustriertes einmaliges Porträt der Gärten und ihrer Früchte zeigt.

Bernd Brunner

Von der Kunst, die Früchte zu zähmen

Eine Kulturgeschichte des Obstgartens

gebunden, 288 Seiten mit 100 farbigen Abbildungen

978-3-95728-566-9

Die Abenteurerinnen unserer Zeit

Die eigenen Grenzen verschieben und etwas ausprobieren, von dem man nicht weiß, ob es zu bewältigen ist: Das versucht jeder und jede von uns, auch wenn es dabei nicht immer um eine Besteigung des Mount Everest geht. Die 20 porträtierten Frauen, die zu den größten Abenteurerinnen unserer Zeit zählen, suchen ihr Glück im sportlichen Extrem – und finden es manchmal ganz woanders. Mit ihnen tauchen wir ohne Sauerstoff im arktischen Ozean, durchlaufen die unwirtlichsten Wüsten der Welt – und werden dabei an die grenzenlose Schönheit der Natur erinnert.

Augen zu, Ohren auf!

Aus einem Bohrloch dringen Geräusche aus dem Erdinneren, im Golf von Kalifornien verstört ein gigantisches Fischkonzert Taucher wie Delfine und in der Wüste singen die Dünen: Die preisgekrönten Nature-Writing-Autoren Michaela Vieser und Isaac Yuen führen uns zu hörenswerten Orten, die mit einem besonderen Klangerlebnis verbunden sind. Mit ihnen entdecken wir die verborgenen Töne von Landschaften, erfahren die Geschichten dahinter und tauchen ein in eine faszinierende akustische Welt. Eine einmalige Vermessung des Klangs und des Schalls!

Michaela Vieser, Isaac Yuen

Atlas der ungewöhnlichen Klänge

Eine Reise zu den akustischen Wundern unserer Erde

gebunden, 192 Seiten

978-3-95728-662-8

Jahre der Fülle

Allein unter Tieren: Seit anderthalb Jahrzehnten lebt die Bestsellerautorin Hilal Sezgin auf dem Land. In ihrem bewegenden Memoir erzählt sie von ihrem Lebenshof der einst mit der Aufzucht von Flaschenlämmern begann und in dem nun eine Schafsoma Arthrose hat und die Gans am Auge behandelt werden muss. Und sie reflektiert darüber, was es heißt, immer für andere da zu sein und wie sie dabei an Grenzen gerät, nicht zuletzt ihre eigenen. Ein berührendes, hingebungsvoll erzähltes, so poetisches wie kenntnisreiches Buch.

Hilal Sezgin

Vom fordernden und beglückenden Leben mit Tieren

gebunden, 304 Seiten

978-3-95728-702-1

Deutsche Originalausgabe

Ein Unternehmen der Média-Participations

Projektleitung: Dr. Hans Peter Buohler
Lektorat: Michael Lenkeit, Stuttgart
Gestaltung und Umschlaggestaltung: Favoritbüro, München
Grafikelemente © Shutterstock (cosmic_pony, AllNikArt, GooseFrol, cgterminal)
Satz und Herstellung: Arnold & Domnick, Leipzig
Druck: Livonia Print, Riga
Printed in Latvia

ISBN 978-3-95728-703-8

Elektronisch ist folgende Ausgabe erhältlich:
eBook (epub): ISBN 978-3-95728-796-0

www.knesebeck-verlag.de

MIX
Papier | Fördert gute Waldnutzung
FSC® C002795